SEM ATALHO

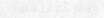

João Amoêdo

SEM ATALHO

Uma jornada até a política
e minhas ideias para o Brasil

PORTFOLIO
PENGUIN

A Portfolio-Penguin é uma divisão da Editora Schwarcz s.a.

PORTFOLIO and the pictorial representation of the javelin thrower are trademarks of Penguin Group (usa) Inc. and are used under license. PENGUIN is a trademark of Penguin Books Limited and is used under license.

Grafia atualizada segundo o Acordo Ortográfico da Língua Portuguesa de 1990, que entrou em vigor no Brasil em 2009.

CAPA Alceu Chiesorin Nunes
FOTO DE CAPA Renato Parada
FOTOS DE MIOLO pp. 113-116: acervo pessoal do autor; pp. 117-119: Tiago Calazans; p. 120 (acima): Gabriel Hand; p. 120 (abaixo): Yolanda Prezentino
PREPARAÇÃO Alexandre Boide
CHECAGEM Marcella Ramos
REVISÃO Clara Diament e Márcia Moura

Dados Internacionais de Catalogação na Publicação (CIP)
(Câmara Brasileira do Livro, SP, Brasil)

Amoêdo, João
    Sem atalho : Uma jornada até a política e minhas ideias para o Brasil / João Amoêdo. — 1ª ed. — São Paulo : Portfolio-Penguin, 2021.

    ISBN 978-85-8285-146-3

    1. Amoêdo, João Dionisio Filgueira Barreto, 1962- 2. Brasil – Políticos – Autobiografia 3. Partido Novo 4. Política – Brasil – História I. Título.

21-74004   CDD-320.0981

Índice para catálogo sistemático:
1. Brasil : Políticos : Autobiografia 320.0981

Cibele Maria Dias – Bibliotecária – CRB-8/9427

[2021]
Todos os direitos desta edição reservados à
EDITORA SCHWARCZ S.A.
Rua Bandeira Paulista, 702, cj. 32
04532-002 — São Paulo — SP
Telefone: (11) 3707-3500
www.portfolio-penguin.com.br
atendimentoaoleitor@portfoliopenguin.com.br

Este livro é uma homenagem à memória de meu pai,
que sempre foi um exemplo para mim com suas
atitudes e sua simplicidade ao longo da vida.

SUMÁRIO

1.
Quando a maior frustração é não tentar

Uma missão e algumas lições

"NUNCA VI UM CANDIDATO À PRESIDÊNCIA preparando, ele mesmo, sua apresentação." O comentário veio de um homem sentado na poltrona atrás da minha no avião. Eu estava montando os slides que acompanhariam minha apresentação na próxima parada. "Lá no Partido Novo é assim, fazemos tudo", respondi. Emendamos uma conversa, e ele me contou que era dono de uma fábrica de cimento. Estávamos a poucos meses das eleições presidenciais no Brasil de 2018, nas quais eu concorreria a um mandato político pela primeira vez.

"Eu gosto de você, mas vou votar no Bolsonaro. Porque a gente precisa tirar o PT", foi a fala do empresário. Esse tipo de comentário estava se tornando frequente com a aproximação do pleito, e, naquele momento, virei para ele e perguntei:

— Você disse que tem uma fábrica de cimento?

— Isso.

— Se você se afastasse da empresa por seis meses, deixaria o Bolsonaro cuidando dela em seu lugar?

Ele foi rápido e enfático na resposta:

— Não, imagina. De jeito nenhum.

— E vai deixar o Brasil? — questionei.

Como resposta, obtive apenas o silêncio.

Aquela conversa acabou ali. Mas outras similares continuaram acontecendo até 7 de outubro, dia do primeiro turno das eleições. A incoerência do raciocínio não me surpreendeu. No Brasil, boa parte da elite empresarial, apesar de pensar no longo prazo quando se trata de tomar decisões em relação ao seu negócio, não tem a mesma postura em relação ao País. Prevalecem os resultados imediatos, os interesses próprios e os atalhos. Isso explica muito das deficiências que temos como nação.

Certa vez, minha filha Mariana estava distribuindo santinhos no Leblon durante minha campanha em 2018 e ouviu o seguinte de um homem: "Sei que você está fazendo isso para ganhar seu dinheirinho. Vou pegar um para ajudar, mas não se envolve com política, não".

Eu tinha consciência de que o crescimento do Partido Novo, no ambiente político que ainda perdura no Brasil, demandaria tempo e resiliência, especialmente no início, mas era uma semente que precisava ser plantada para termos uma forma diferente de fazer política no Brasil.

A cultura tradicional de votar em quem tem mais chance, mesmo que não seja o mais preparado, ou de escolher o melhor candidato em vez do melhor mandatário, solapa justamente a representatividade e a renovação que tanto exigimos como eleitores. Essa postura acaba por criar uma seleção adversa, que privilegia os políticos tradicionais e desestimula a entrada de novas lideranças. Em resumo, se queremos renovação, mas não estamos dispostos a avaliar e apoiar novos candidatos, nossa ação é irracional, não produzirá resultado e continuaremos reféns dos políticos que se perpetuam no poder.

Nossa obrigação como cidadãos é conhecer, escolher e divulgar aquele que julgamos ser o melhor mandatário, de modo que se torne o favorito entre os candidatos. Não podemos ser omissos a ponto de deixar que alguém que não julgamos ser o melhor se transforme em favorito.

Nos trinta dias que antecederam as eleições em 2018, presenciei um movimento de pessoas, inclusive algumas próximas, mudando seus votos. Além disso, passaram a divulgar e a propagandear essa mudança, com o intuito de incentivar outros a fazerem o mesmo. A única justificativa era: não podemos deixar o PT vencer. A consequência dessa atitude era que o voto seria dado contra o partido que se repudiava, em vez de ser depositado no candidato em que se acreditava. Desse modo, a eleição, que se dá em dois turnos, era tratada como se tivesse apenas um. Obviamente, como candidato, fiquei muito incomodado, mas como cidadão me senti ainda mais decepcionado ao ver as pessoas defenderem e fazerem campanha para alguém que poderia ser presidente do País, mas em quem não acreditavam. Era novamente a vitória do imediatismo.

Outro episódio ilustra bem a falta de coerência de pessoas que deveriam ser formadoras de opinião. Em outra de minhas viagens durante a campanha, um homem mais velho, que também se identificou como empresário, me reconheceu no aeroporto de Teresina e se aproximou — uma situação que havia se tornado habitual desde o lançamento da minha candidatura, mas que eu ainda estranhava. Ele falou que gostava das minhas ideias, mas que eu não teria seu voto porque o Brasil precisava primeiro de "ordem", o que significava tirar o PT naquele momento, e só depois estaria pronto para o "progresso", associando essa segunda etapa à minha possível administração. Já estávamos nos aproximando do final da campanha do primeiro turno, e esse chavão — primeiro a ordem, depois o progresso —, apresentado junto com a foto de Bolsonaro e depois a minha, era repetido exaustivamente pelos bolsonaristas nas mídias sociais. Esse empresário sugeriu, inclusive, que eu deveria dar uma contribuição ao País e renunciar à candidatura. Insistiu que eu deveria dar espaço a Bolsonaro e voltar à disputa nas eleições de 2022. Depois de alguns minutos explanando sua visão política, enquanto eu permanecia calado, ele perguntou se podia tirar uma foto comigo. Foi a única vez, durante toda a campanha, em que respondi: "Não, não pode". Não era uma reação pessoal, e sim uma manifestação da postura lógica que norteia minhas atitudes. Se ele entendia que eu deveria renunciar e não pretendia votar em mim, por que ter uma foto comigo?

No Brasil, a última década foi perdida. O País se tornou mais pobre e desigual em razão da péssima gestão pública, da corrupção desenfreada e de um modelo de Estado intervencionista e concentrador de renda.

Sem crescimento econômico, o brasileiro teve menos oportunidades, sofreu com o aumento do desemprego e a retração da renda. Esse desempenho pífio contribuiu para sermos ultrapassados, no PIB per capita ajustado por paridade do poder de compra, por países como Chile, Costa Rica, República Dominicana, Uruguai e Panamá.

Os problemas que enfrentamos são conhecidos e se estendem por todas as áreas de atuação do poder público. Carregamos o peso de um enorme déficit educacional, com um ensino público básico de péssima qualidade. Temos uma carga tributária elevada, uma economia fechada para o exterior e um excesso de leis e burocracia. O resultado é um ambiente de poucas oportunidades, de baixa produtividade e extremamente inóspito para o empreendedor. Nesse quadro, há pouco estímulo à inovação, à abertura de novos negócios e à criação de vagas de trabalho, prejudicando a geração de riqueza e, consequentemente, o combate à pobreza.

Convivemos ainda com uma constante sensação de insegurança, com uma infraestrutura deficiente, em especial quanto ao saneamento básico, e um atendimento sofrível na saúde que, somados, compõem um quadro de grande ineficiência dos serviços públicos essenciais. Os governos têm pouco apreço tanto pelo equilíbrio das contas públicas como pela proteção da natureza, criando assim um vultoso passivo fiscal e legando para as próximas gerações um meio ambiente devastado.

Além de tudo isso, o País passa por um dos períodos mais críticos de sua história. A crise da covid-19, iniciada em 1º de dezembro de 2019 na China e declarada pela Organização Mundial da Saúde (OMS) como uma pandemia em 11 de março de 2020, já ceifou a vida de milhares de brasileiros e agravou nossos problemas econômicos e sociais.

Nosso grande desafio como nação está em enfrentar essas questões, o que exigirá alterações profundas no modelo de Estado e na participação e representatividade políticas. Foi com essa convicção que iniciamos a concepção do Partido Novo. Sempre entendi o Novo como uma ferramenta para realizar as mudanças necessárias e melhorar a qualidade de vida das pessoas. Uma plataforma política que fosse inovadora no seu funcionamento, no seu propósito e na sua composição.

Apesar de todas as dificuldades burocráticas para a montagem do partido — que foram muito maiores do que esperávamos encontrar —, o grande desafio está na gestão da organização e na estratégia para o seu crescimento. Manter a organização fiel aos seus valores e princípios e com uma visão de longo prazo é uma tarefa complexa. Exige resiliência, disciplina e atenção para atuar na contramão das práticas atuais.

Não confio em salvadores da pátria, nem em quem escolhe a política como profissão. Essas pessoas acabam se apegando aos privilégios do poder e não abrem espaço para a renovação. O propósito da montagem do Novo foi, desde o primeiro dia, garantir condições de segurança e educação que possibilitem que cada cidadão tenha liberdade, autonomia e responsabilidade para fazer suas escolhas. Acredito na capacidade do indivíduo de cuidar de si próprio, tomar suas decisões e construir seu caminho, com um Estado que assegure o básico e contribua para um ambiente em que prevaleça a igualdade de oportunidades.

A primeira eleição que disputei ficou para trás, mas a decisão que tomei de contribuir ativamente para a melhoria do Brasil não tem volta.

Como tudo começou

Eu estava em casa, sozinho em São Paulo, vendo televisão. Era 2007, a família já estava de volta ao Rio, mas entre as terças e quintas-feiras eu ficava na capital paulista em razão do meu trabalho. Fiquei inconformado ao assistir a uma reportagem sobre uma menina, então com dezesseis anos, que era um prodígio no esporte, mas vendia balas em um sinal de trânsito para sustentar a família. Na matéria, o seu treinador explicava como era difícil para ela conciliar o dia a dia na rua com os treinos de basquete no Botafogo, de que ela tanto gostava. Infelizmente, eu sabia que aquele não era um caso isolado, mas havia ali uma oportunidade para fazer algo e tentar impactar ao menos uma vida.

Com a ajuda de um amigo, consegui o contato do técnico. Combinamos que eu enviaria dinheiro mensalmente para ajudar no sustento daquela família e, em contrapartida, ele me mandaria os boletins escolares dela, para que eu acompanhasse seu desempenho, e um demonstrativo das despesas pagas. Meu objetivo era que a jovem deixasse as ruas e pudesse se dedicar apenas aos estudos e ao esporte.

Depois de um ano, o treinador me chamou para conversar. Disse que ela havia abandonado a escola, voltado para a rua e estava vendendo balas outra vez. Tinha desistido dos estudos por influência da mãe e, na avaliação do treinador, a situação era irreversível. Ele foi enfático e me aconselhou a parar de enviar os recursos. Lamentei muito, mas concordei que o melhor era encerrar o episódio ali.

A experiência, apesar de frustrada, aumentou minha vontade de ajudar as pessoas mais necessitadas de uma forma mais duradoura. Naquela época, não havia ainda me dedicado a estudar o liberalismo econômico e sua correlação com a qualidade de vida da sociedade, mas a racionalidade me levou a um questionamento elementar: o que estamos fazendo de errado com os recursos públicos se pagamos tantos impostos e mesmo assim temos tantas crianças nas ruas, fora da escola, pedindo esmola nos sinais? Essa situação me parecia, e infelizmente assim permanece, inaceitável.

Admiro o trabalho de algumas ONGs e instituições de apoio que atuam em áreas específicas, mas, levando em conta as enormes deficiências que temos no País, entendo que as ações sociais precisam ter escala, atingindo a maior quantidade possível de pessoas, além de serem sustentáveis ao longo do tempo. Aos poucos, e depois de muita reflexão, concluí que somente por intermédio da política poderíamos mudar nossa triste realidade. Precisaríamos de novas lideranças, novas posturas e novas práticas na gestão pública. Foi com esse pensamento que comecei a considerar a hipótese de montar um partido.

O caminho seria empreender na política com a criação de uma instituição com valores e princípios, que desenvolvesse uma nova maneira de governar e visasse de fato ao bem social acima de qualquer interesse particular. Não seria simples, não seria fácil e não seria rápido, mas era o certo a fazer. O começo não foi animador. Entre os amigos, o conselho que mais ouvi foi: "João, não se meta nisso, não é coisa para gente séria, você não vai conseguir". Quanto aos que não me conheciam, o comentário mais recorrente sobre a montagem do partido era que eu seria só mais um querendo se aproveitar da política.

Entretanto, eu estava convencido de que a minha maior frustração seria não tentar. Assim, em 12 de fevereiro de 2011, reunimos 181 pessoas, de 35 profissões diferentes, com idades variando entre 16 e 88 anos e oriundas de dez unidades federativas, e fundamos o Novo. Nenhum grande empresário, nenhuma figura pública e nenhum político estavam presentes naquele sábado ensolarado na sede do escritório Pinheiro Neto Advogados no bairro do Humaitá, no Rio de Janeiro.

As provas esportivas de resistência, a crença no trabalho em equipe, a obstinação por resultados e a definição clara de prioridades moldaram a minha vida e me ajudaram na montagem do Novo. A burocracia e as exigências para a criação de um partido político no Brasil tornam a tarefa quase impossível para um grupo com as características das pessoas que se juntaram naquele início de 2011. O senso de propósito, a visão de longo prazo e o desejo de transformar o País foram determinantes no processo de registro do partido. Depois da fundação, tivemos mais quatro anos e sete meses de trabalho intenso e voluntário, superando inúmeros obstáculos e o descrédito da maioria até que por fim obtivéssemos o registro oficial. A partir de 15 de setembro de 2015, com a aprovação do Tribunal Superior Eleitoral (TSE), passamos, de fato e de direito, a existir como partido político e nos habilitamos a ter filiados e a lançar candidaturas.

Considero positivos os resultados do Novo nos seus primeiros cinco anos de existência, especialmente levando em conta a grande aversão à participação política que existe entre os brasileiros e o sistema político vigente. Inovar em um ambiente que privilegia a perpetuação no poder dos mesmos atores e que transforma os partidos políticos em simples legendas, sustentadas por dinheiro público, é um grande desafio.

Nossos filiados, mandatários e dirigentes precisarão manter uma postura atenta, humilde e fiel ao propósito que motivou a criação do Novo. O fortalecimento do partido como instituição, e consequentemente da sua marca, é fundamental para a atração de quadros qualificados e para sua viabilidade eleitoral. Mas o sucesso do Novo deve ser mensurado pela melhoria da eficiência da máquina pública, pela consolidação da sua imagem, pelo que proporciona ao cidadão, e não somente pela quantidade de políticos que elege.

Nunca pensei em me candidatar. Sempre enxerguei meu papel no partido como o de um executivo, não o de um político. Sou uma pessoa naturalmente tímida e reservada, acostumada a transmitir minhas ideias por meio da racionalidade, e não da emoção — um padrão certamente bem distante dos políticos que nos acostumamos a eleger.

Apesar de haver um enorme desejo de renovação por parte da sociedade, as pessoas que poderiam ingressar na política e fazer um bom trabalho continuam muito refratárias a dar esse passo, mesmo com a existência de uma plataforma inovadora e íntegra como o Novo. Após vivenciar todo o processo político durante a campanha presidencial em 2018, e acompanhando o ambiente que temos hoje, não posso negar que, do ponto de vista estritamente pessoal, manter-se distante da política é uma decisão lógica no curto prazo, mas que se mostra totalmente equivocada quando pensamos nas próximas gerações e na sustentabilidade do nosso país.

Precisamos de líderes políticos que inspirem pelo exemplo, que sejam racionais na tomada de decisões, que tenham disposição conciliadora e que deleguem, mas sem deixar de assumir as suas responsabilidades.

2.
Pense como dono

APRENDI O QUE É TER UM ESPÍRITO EMPREENDEDOR com meu avô materno e minha mãe. Com o passar dos anos, observando o comportamento e os ensinamentos dos dois, absorvi muita coisa que trago comigo até hoje, em especial o gosto pelo desafio, a determinação e a preocupação com a racionalidade dos gastos.

Meu avô materno, Ciro Barreto de Paiva, construía casas para morar, mas acabava vendendo-as porque sempre aparecia alguém interessado, o que lhe conferia um lucro que julgava razoável. Não sei quantas ele construiu, mas durante muito tempo ouvi minha avó, Maria Luiza, reclamar de ter que se mudar inúmeras vezes na cidade de Natal, no Rio Grande do Norte, onde viviam. Nascido em Pau dos Ferros, a 392 quilômetros da capital do estado, meu avô tinha o sonho de ser engenheiro e um talento nato para a construção. Acabou optando pelo curso de Direito porque a família era grande e ele não dispunha de recursos para adquirir os livros que aquela formação técnica exigia. Meu bisavô era desembargador, então a saída foi aproveitar a biblioteca do pai e economizar na compra do material de estudo. Anos depois de formado, começou a construir casas e fundou uma empresa de engenharia.

Certa vez, durante uma conversa que tangenciava assuntos de legislação, um cliente disse para ele: "Dr. Ciro, nunca vi um engenheiro entender tanto de advocacia quanto o senhor". E ele respondeu: "É justamente o contrário, o que o senhor nunca viu é um advogado entender tanto de engenharia quanto eu".

Meu avô defendia que a minha mãe e os seus quatros irmãos deveriam ter uma boa formação acadêmica e a vivência em um grande centro urbano, e acreditava que o Rio de Janeiro era o lugar mais indicado para isso. Minha avó era dona de casa e sempre o apoiou e acompanhou. Mudaram-se para a então capital federal, e meu avô passou a administrar o negócio à distância. Minha mãe, Maria Elisa Filgueira Barreto, segunda filha do casal, mudou-se para o Rio de Janeiro com doze anos de idade, mas preserva suas raízes e mantém o sotaque até hoje.

Nesse período, com certa regularidade, meu avô passava mais de quarenta horas na estrada fazendo o trajeto do Rio de Janeiro a Natal. Em uma dessas viagens, levou um susto que influenciaria de maneira relevante o futuro da família. Em um trecho de estrada reta, o motorista que o conduzia dormiu ao volante, e eles entraram embaixo de um caminhão. Meu avô foi levado para o Hospital Federal dos Servidores do Estado, no Rio de Janeiro, reconhecido na época como o mais avançado hospital público da América Latina. Era lá que meu pai, Armando Rocha Amoêdo, fazia residência médica. Depois de se formar em Medicina em Belém do Pará, onde nasceu, ele se mudou para o Rio de Janeiro por compartilhar da mesma crença do meu avô materno: a capital era o lugar certo para se desenvolver profissionalmente.

Meu pai cuidou da recuperação do meu avô, e foi assim que conheceu minha mãe. Os dois começaram a namorar e se casaram quando ela tinha dezenove anos, e ele, trinta. Meu pai trabalhava em hospitais públicos e atendia também em uma clínica particular. Minha mãe cursava faculdade de Administração, mas interrompeu o curso por causa da primeira gravidez, retomando os estudos alguns anos mais tarde. Sou o filho mais velho, nascido no dia 22 de outubro de 1962. Minha irmã Luiza Carolina veio três anos depois, e a caçula, Maria Cecília, nasceu em 1967. Em casa, nos dávamos bem, mas meu temperamento era mais parecido com o de Cecília. Nós dois éramos calmos, enquanto Luiza era mais agitada e extrovertida.

O primeiro colégio em que estudei foi o Santo Antônio Maria Zaccaria, no Catete, bairro do Rio de Janeiro. Tenho poucas memórias desse tempo, mas uma delas é meu gosto por atividades físicas. Sempre fui descrito como uma criança quieta, disciplinada e que respeitava regras. Também ouvi dos meus pais, tios e outras pessoas próximas que me viram crescer que, desde cedo, já apresentava traços de determinação que chamavam a atenção.

Na infância, eu enxergava as coisas com uma lógica simples: quando colocava um objetivo na cabeça, automaticamente começava a pensar em caminhos práticos para atingi-lo. Aprendi ao longo do tempo que mais importante do que ter boas ideias é a capacidade de executá-las. Não me abstenho do embate, mas gosto de fazê-lo com racionalidade e serenidade. Nunca respondi a provocações com violência verbal nem física. No meu entender, essas atitudes só refletem a falta de educação e de capacidade de argumentação.

Colégio Santo Inácio: o primeiro desafio

Em 1970, aos oito anos, morei com as minhas irmãs durante seis meses na casa dos meus avós. Meu pai foi se especializar em radiologia pediátrica nos Estados Unidos, e minha mãe o acompanhou.

Apesar da saudade dos meus pais, foi um período de grande aprendizado, em que tive a oportunidade de conviver mais com os meus avós maternos e meus dois tios mais jovens, que também moravam lá. Meu avô gostava de contar histórias, e eu adorava ouvi-las. Ele narrava os fatos com uma voz teatral, que me fazia imaginar cada detalhe da cena, como se estivesse presente. A minha história preferida era sobre a Batalha das Termópilas, entre gregos e persas. Eu ficava esperando ansioso a parte em que ele falava: "Nosso exército é tão grande e lançaremos tantas flechas contra vocês que cobrirão a luz do Sol", ao que o pequeno, mas bravo exército rival respondia: "Melhor, pois assim combateremos à sombra".

Alguns episódios marcantes acabaram por criar expressões dentro da família. Quando alguém se excede nas compras, sempre brincamos: "Comprou um caminhão de batatas?". Isso porque certa vez meu avô saiu para ir à venda da esquina e, no meio do caminho, encontrou um caminhoneiro com o veículo lotado de batatas. Ele não resistiu e começou a negociar: primeiro, um saco, depois uma caixa, até que no fim achou as condições boas e decidiu comprar todo o estoque, que foi despejado no jardim de casa, para surpresa e desespero da minha avó. Difícil saber quem fez o melhor negócio, o comprador ou o vendedor. O fato é que durante semanas na casa deles todos os pratos levavam batatas. Aprendi muito com as suas atitudes e sua personalidade: era disciplinado, corajoso e determinado.

Quando completei dez anos, minha mãe concluiu: "Você tem que ir para um colégio melhor". Minha mãe sempre teve um forte traço empreendedor. Frequentemente, dizia que deveríamos ser donos do próprio negócio, em vez de trabalhar para outros. Ter uma boa formação era o primeiro passo para o futuro que eles vislumbravam. Logo simpatizei com a ideia. Eu ia bem na escola, mas gostava de desafios. Comecei a me preparar para o processo seletivo do Colégio Santo Inácio, uma escola jesuíta tradicional no Rio de Janeiro. Como a concorrência era grande e havia poucas vagas, minha mãe achou necessário contratar uma professora que preparava crianças para o concurso de admissão. Tive apenas quatro aulas, pois minha mãe entendeu que já era suficiente, considerando o valor do investimento. A preocupação com o custo-benefício sempre esteve presente nas suas decisões. "Reprimir o supérfluo para dar vazão ao necessário" é uma das suas citações preferidas. Ela exercia a função de professora de economia dentro de casa e nos orientava sobre a importância de saber administrar a vida sozinhos. É uma gestora nata, o que certamente reforçou minha natureza racional e lógica. Praticávamos matemática no nosso cotidiano doméstico, aprendendo inclusive a cuidar do nosso dinheiro.

Minha dedicação e as poucas aulas particulares fizeram efeito. Realizei as provas e fui aprovado, para minha surpresa, entre os primeiros colocados. O Santo Inácio foi uma grande escola em todos os sentidos. Era rígido na disciplina, tinha um ensino forte que preparava bem para as provas de vestibular, exigia bastante dos alunos, mantinha um excelente quadro de professores e estimulava a competição saudável entre nós, ao mesmo tempo que incentivava o espírito de equipe. Eu me sentia muito bem nesse ambiente, onde permaneci por sete anos e do qual saí direto para a faculdade. Eu era da turma que preferia sentar no fundo da sala, mas sempre passei com boas notas, sem recuperação.

O colégio também enfatizava outros dois aspectos muito importantes que influenciaram a minha formação: o estímulo à prática de esportes e a formação religiosa. Gostava muito de futebol, vôlei e tênis de mesa, e os praticava com frequência. Administrado pelos padres jesuítas, o ensino religioso estava sempre presente, não só nos ensinamentos dos valores cristãos, mas também com atividades práticas de ajuda ao próximo. Dentre os religiosos, o padre Paco foi o que ficou na minha memória. Simples, aberto ao diálogo, sábio nas colocações e amigo de todos, Paco gostava de futebol e, sempre que podia, deixava a batina de lado para se transformar em um dos jogadores mais ativos em campo. Poder conviver com pessoas do bem, que praticam os valores que pregam, é extremamente importante na formação dos jovens.

Férias e trabalho

Nas férias escolares, costumávamos ir para Petrópolis, na região serrana do Rio de Janeiro, onde meu avô Ciro construíra duas casas, uma para ele e outra para meus pais, no bairro Alto da Serra. As residências eram separadas por um pequeno gramado, onde jogávamos vôlei.

Visitar a casa de Santos Dumont, andar de pantufas no Museu Imperial, jogar vôlei em casa e futebol na rua, passear de bicicleta e andar a cavalo — uns pangarés que alugávamos no Palácio Quitandinha — eram minhas atividades preferidas. O Quitandinha, um hotel-cassino luxuoso com um enorme lago na frente, é uma lembrança marcante. Um ícone no País na época em que os jogos de azar eram permitidos, depois entrou em decadência quando de sua proibição, em 1946.

A infância, entretanto, não foi só lazer, e o trabalho entrou cedo na minha vida. As férias em Petrópolis foram substituídas, algumas vezes, por viagens para Natal. Além de visitar a família materna, comecei a trabalhar na empresa de engenharia fundada pelo meu avô, que era então administrada pelos meus tios. Acompanhava-os nas obras e ajudava nos relatórios que demandavam cálculos. Surgiam ali, com cerca de onze anos de idade, o meu interesse e gosto pela engenharia. E o melhor: já recebia uma pequena remuneração pelo meu trabalho.

Apesar de crescer com um pai médico que adorava a profissão, nunca tive vocação para as áreas de humanas e biológicas — sempre gostei de números, cálculos e respostas exatas. Um dos meus livros preferidos nessa idade era *O homem que calculava*, de Malba Tahan, pseudônimo do professor e engenheiro civil Júlio César de Mello e Souza, que mistura histórias fictícias com problemas matemáticos. Assim, desde cedo, ficou claro para mim que cursar engenharia seria o melhor caminho. Meu pai nunca se incomodou com minha decisão — pelo contrário, me apoiou integralmente.

Como sempre, eu já tinha um plano: me formar e trabalhar na empresa de construção civil da família em Natal. A primeira meta a ser cumprida era estudar com afinco e ingressar na Universidade Federal do Rio de Janeiro (UFRJ), uma das mais conceituadas faculdades de engenharia do Brasil, cujo campus é apelidado de "Fundão" por estar localizado na ilha que leva esse nome.

O trabalho continuou presente na minha adolescência. Aos catorze anos, meus pais decidiram montar uma clínica chamada Clínica Radiológica Infantil (CRI). Com seu espírito empreendedor sempre presente, minha mãe incentivava meu pai a ser dono do seu próprio negócio. Isso exigiu o esforço de toda a família. Não tínhamos ainda muita poupança e precisávamos comprar um aparelho de raio X que era fabricado no exterior e cotado em franco francês. Foi um momento de apertar o cinto, mas estávamos confiantes de que a clínica seria bem-sucedida e seríamos todos beneficiados no futuro.

Sempre que tinha tempo livre, eu ajudava meus pais na clínica, preenchendo fichas dos pacientes. No início não existia computador, então tínhamos de cadastrar todos os dados à mão. Depois, os datilografávamos em uma pequena ficha branca, que era guardada em um arquivo. Anos mais tarde convenci meus pais a comprarem um computador CP 500, e começamos a informatizar o consultório.

Meu pai tinha um livro preto no qual anotava à mão, diariamente, quantos pacientes havia atendido. Recordo que em casa, no horário do jantar, eu sempre ficava curioso — queria saber quantos exames tinham sido feitos, quais eram os diagnósticos e qual o valor de cada procedimento. Gostava de trabalhar, de fazer contas, de interagir com os pacientes e de comparar a evolução de um mês contra o anterior. Nos considerávamos, todos, donos do negócio.

Com o tempo, a CRI foi se desenvolvendo e conquistando clientela. Meus pais se complementavam muito bem na gestão da clínica. Enquanto meu pai cuidava dos pacientes e do relacionamento com os médicos, minha mãe assumia toda a administração. Sabiam que não tinham conhecimento algum para interferir na área do outro, mas eram extremante competentes na própria.

Foi assim que a clínica que iniciou as atividades em um sobrado alugado na rua Mena Barreto, no bairro de Botafogo, se transferiu mais tarde para a rua Dona Mariana em um prédio próprio de três andares, que construímos no mesmo bairro. Especializado em radiologia infantil, meu pai se tornou uma referência na área.

O investimento inicial, a competência profissional do meu pai e a dedicação de todos da família deram retorno.

O legado dos meus pais

Meu pai conseguia interpretar os exames com uma habilidade acima do normal, que o fazia se destacar na comunidade médica como o especialista a quem os pediatras recorriam quando surgia algum caso de difícil diagnóstico. Até hoje ele é muito lembrado graças ao seu talento, à forma como se relacionava com os colegas e à atitude carinhosa e bem-humorada com a qual tratava os pacientes. Da mesma forma que buscava sempre a excelência, ele mantinha um espírito muito solidário. Com certa regularidade, levava crianças dos hospitais públicos para fazerem exames no seu consultório, sem cobrar nada e arcando com todos os custos.

Apesar da sua reputação como um dos mais importantes radiologistas pediátricos do Brasil, era uma pessoa muito modesta e reservada. Na ocasião de seu falecimento, as manifestações de pesar de médicos de todo o Brasil e de antigos pacientes demonstraram que seu trabalho sacerdotal e nunca propagandeado havia impactado a vida de muitas pessoas e era bem maior do que eu imaginava. Ainda hoje recebo mensagens de elogios à sua atuação profissional. Ele se dedicou ao Hospital Municipal Jesus, no Rio de Janeiro, onde atendia crianças carentes e dava aula para residentes, até os 85 anos de idade.

Aprendi em casa a valorizar o trabalho e o uso racional de tudo de que dispúnhamos. O lema da minha mãe era e até hoje é: "não podemos desperdiçar". Foram essa sua filosofia e capacidade de trabalho que nos permitiram sempre progredir e superar desafios. Uma de suas atribuições na administração da clínica era justamente o controle do orçamento. Para evitar desperdícios, ela nos orientava, por exemplo, a reaproveitar o papel que embalava os filmes dos exames de raios X, que era recortado em um tamanho menor e utilizado para fazer as fichas dos pacientes.

Temos uma história com a qual nos divertimos até hoje e que reflete bem a sua preocupação de otimizar cada recurso. O aparelho de raio X adquirido na França para a montagem da clínica chegou ao Brasil empacotado em um grande pedaço de pano quadriculado de branco e verde. Minha mãe achou o tecido de muito boa qualidade, e decidiu reutilizar a embalagem em suas costuras. Toda semana, uma costureira ia à nossa casa para ajudá-la a fazer e consertar roupas para a família. Antes das sete horas da manhã, Adelina já andava pelo corredor do apartamento, sempre falando alto. Juntas, as duas transformaram o tecido quadriculado da máquina francesa em uma cortina, uma toalha de mesa e uma bermuda para mim, em um exemplo simples e claro de economia e criação de riqueza.

Essa filosofia se incorporou à minha personalidade desde criança. Lembro de uma ocasião em que, aos sete ou oito anos, estava com meus pais passando de carro pelo Aterro do Flamengo quando vimos muitas pipas fincadas no gramado. Paramos e fui com meu pai falar com o vendedor. Meu pai perguntou por quanto poderia comprar todas as pipas, que deviam ser mais ou menos dez, muito provavelmente para ajudar o vendedor a ir para casa mais cedo. O vendedor respondeu algo equivalente a vinte reais no dinheiro de hoje. Sem noção dos valores, achei que era desnecessário. Afinal, por que tantas pipas? Corri aflito para minha mãe, que nos esperava no carro: "Vai lá porque o papai está comprando todas as pipas do vendedor. Está gastando muito!". Nesse caso, o valor era de fato muito baixo para gerar alguma preocupação. Mas a lição materna permanece no meu

DNA, e até hoje fico agoniado diante de desperdícios — não tolero ver uma luz acesa sem necessidade ou alguém gastando mais do que duas folhas de papel para enxugar a mão no banheiro.

Quando a situação financeira da família começou a melhorar com o bom desempenho da clínica, minha mãe propôs que saíssemos do Flamengo para morar em Ipanema ou no Leblon. Novamente precisamos apertar o cinto e lembrar da realidade que regia a casa: sacrifícios imediatos em busca de ganhos futuros. Alcançamos a nova meta e, quando eu tinha quinze anos, nos mudamos para um apartamento no Leblon, onde morei até me casar.

Hoje percebo que herdei o temperamento calmo e a paciência do meu pai e a determinação da minha mãe. Incorporei o jeito econômico e obstinado dela, que norteou as estratégias, os planejamentos e as decisões na minha carreira no setor privado, na atuação política e em casa. O espírito empreendedor, cultivado desde a infância, me fez definir prioridades, avaliar riscos, pensar na execução e manter uma postura serena e equilibrada. Sempre gastei menos do que podia, para que no futuro não faltasse. O importante para mim não é o que você tem, mas sim a maneira como conquista as coisas. Sei que não há garantias de que aquilo que existe hoje continuará lá amanhã. Por isso, é importante ter disposição para continuar construindo. Acredito que essa combinação de planejamento, equilíbrio e iniciativa para mudança é o que nos falta como nação para fazer do Brasil um país próspero e justo.

3.
As duas faculdades

SEMPRE TIVE PRAZER EM LIDAR COM SITUAÇÕES desafiadoras.
Quanto maior o obstáculo, maior é o meu estímulo para vencê-
-lo e superar meus próprios limites. Esse foi um dos principais
aspectos a mover minhas escolhas de vida: na formação acadêmica, no trabalho, nos esportes e na política.

Terminei o Ensino Médio (então chamado de Científico) no
Santo Inácio em 1979, com dezessete anos. A próxima meta
era cursar engenharia civil na Universidade Federal do Rio de
Janeiro. Sabia que teria que me esforçar muito para ingressar
na UFRJ — afinal, era o curso que, na época, exigia a maior
pontuação nas provas de vestibular.

Meu plano se tornou mais complexo depois de seguir o conselho do meu tio, Álvaro Alberto, também engenheiro, formado
pela Universidade Federal Fluminense (UFF), e que comandava
a empresa de engenharia do meu avô: "João, um bom engenheiro, com o tempo, vai se tornar um administrador. Por que
você não estuda Administração?". Meu impulso de fazer o me-

lhor possível me levou a aceitar a sugestão, mas sem desistir da Engenharia. O resultado foi que eu terminei o ano de 1979 inscrito em dois vestibulares: um para engenharia na UFRJ e outro para administração na Pontifícia Universidade Católica do Rio de Janeiro (PUC). Se tivesse sucesso, iniciaria 1980 cursando Engenharia no campus do Fundão no período da manhã e Administração de Empresas à noite na PUC.

Os estudos no último ano de colégio foram exaustivos, e meu planejamento estava feito: no vestibular, precisaria compensar as prováveis notas mais baixas nas matérias de humanas e biológicas, em especial em língua portuguesa e biologia, com as notas das provas de matemática e física, disciplinas que dominava melhor. Assim, estabeleci como meta acertar quase todas as questões das exatas para garantir a aprovação na UFRJ. Eu treinava fazendo exercícios de apostilas que reproduziam questões de vestibulares passados. Meus preferidos eram os do Instituto Militar de Engenharia (IME) e do Instituto Tecnológico de Aeronáutica (ITA), porque eram mais difíceis.

Nessa fase, eu tinha uma mania estranha de estudar atrás do sofá de casa. Não sei dizer por quê. Só sei que chegava do colégio, almoçava e sentava no chão com os livros no colo. E durante um período passei a dormir sobre os cadernos. Minha mãe, depois de presenciar várias vezes a cena, concluiu que aquele comportamento não era normal e me levou ao médico. Na consulta, ele me perguntou sobre minha rotina, interesses, gostos etc. Comentei que gostava muito de biscoitos de chocolate, e comia um pacote inteiro enquanto estudava. O médico associou o hábito à queixa da minha mãe e forneceu um diagnóstico que me soou esdrúxulo: eu poderia ter alergia a chocolate. Continuei comendo os biscoitos e pegando no sono enquanto estudava.

Hoje, tenho certeza de que esse efeito nada mais era do que uma estafa mental de tanto estudar. Quando tenho uma tarefa a ser cumprida, me concentro na execução, e por isso muitas vezes não percebo quando estou passando do limite que seria recomendável. Acredito que esse era o motivo do sono vespertino. Afinal, eu estudava todos os dias, o dia inteiro. Além de querer passar no vestibular, eu tinha as tarefas da escola, que era muito exigente — tanto que a maioria dos alunos do Santo Inácio entrava na faculdade sem precisar fazer cursinho.

No dia da prova do vestibular para Engenharia, eu estava nervoso, mas confiante. Sabia que havia me empenhado ao máximo nos estudos, então era hora de ter calma para responder cada questão. Se tudo desse certo, aquele seria apenas o início de uma longa caminhada. Até hoje, em momentos decisivos, tenho uma sensação de entrega e calma. Sei que me preparei e fiz o meu melhor. Confio que atingirei o objetivo traçado, e naquele caso acreditava que não seria diferente.

Quando o resultado do vestibular saiu, fui até a escola conferir minha nota. Era preciso ter feito entre 6 mil e 7 mil pontos. Ao me deparar com aquela lista enorme, lembrei da cena do garoto de dez anos que, com o dedo indicador, procurava o seu nome entre duzentos da lista no Colégio Santo Inácio. Ambos foram momentos marcantes para mim. Fiz uma breve retrospectiva do quanto me dedicara ao longo daqueles sete anos para que, naquele momento, pudesse sorrir de alívio e ter a sensação de missão cumprida. Meu nome estava lá: João Dionisio F. B. Amoêdo. Eu poderia estudar no Fundão no período da manhã. Alguns amigos do Santo Inácio também foram aprovados, e seguiríamos juntos nos próximos cinco anos. Passei também em Administração na puc, no período noturno. Fiz minha matrícula nas duas universidades.

Lembro-me do primeiro dia de aula no Fundão. A "aula" inicial foi com o ator Beto Silva, do grupo Casseta & Planeta, que, apesar de ter seguido outro caminho profissional, cursou

Engenharia de Produção na UFRJ, junto com os também humoristas Marcelo Madureira e Hélio de la Peña. Naquela época, eles ainda estavam longe de iniciar uma carreira bem-sucedida como humoristas. O veterano Beto entrou na sala e se apresentou como professor de cálculo. Começou dizendo que utilizava livros russos e que precisaríamos de um para acompanhar sua aula. Ficamos preocupados. Como as edições eram raras e difíceis de encontrar, ele ficaria encarregado de comprá-los. Para isso, passou uma lista para colocarmos nosso nome e darmos uma contribuição inicial de algo equivalente a vinte reais para a encomenda do livro. Eu estava acreditando em tudo, embora achando um pouco esquisito. No final, ele revelou a brincadeira: "Agora, com esse dinheiro, vamos tomar um chope". Era um trote clássico da Engenharia.

A boa fama da universidade vinha toda do seu excelente corpo docente, porque as instalações físicas eram sofríveis. São cerca de vinte quilômetros da Zona Sul até o Fundão, e logo organizamos um grupo de carona para dividir os custos da gasolina. Éramos cinco: Michael Ditchfield e Carlos Alberto Ghazi, já conhecidos do Santo Inácio, Francisco José Ribeiro e Marcelo Lessa, novas amizades da faculdade. A cada dia da semana um ia com seu carro e levava os demais. A companhia se estendeu para os estudos e a prática de esportes, e consolidou os laços de amizade que permanecem até hoje.

Foi um período de muito estudo, especialmente no último ano, quando resolvi me especializar em cálculo estrutural. Aos sábados tínhamos uma das disciplinas mais difíceis: o cálculo de estruturas, ministrado pelo professor Areas, de formação militar e bastante rígido. Suas provas eram sempre motivo de apreensão pelo grau de dificuldade. A aula aos sábados se iniciava às sete da manhã, mas no dia das provas ele avisava que chegaria às seis para quem quisesse começar antes. Nessas ocasiões, o responsável pelo rodízio saía de casa às cinco da manhã para pegar os demais do grupo, e antes das seis já estávamos na sala esperando o professor. Aquela hora extra era preciosa para tentarmos resolver as questões espinhosas da prova.

Além das boas lembranças, os cinco anos passados no Fundão foram determinantes para a minha atuação profissional. A abordagem sempre racional dos problemas, a definição de um caminho crítico, a identificação das variáveis e a busca da melhor solução, características muito presentes em várias matérias nos cursos de engenharia, moldaram a minha forma de organizar o raciocínio, independentemente da natureza da questão. Utilizei esse aprendizado a princípio na engenharia, depois no mercado financeiro e por fim na análise sobre o Brasil e na minha atuação política.

O ambiente da PUC era completamente distinto do que havia no Fundão. Além de estar localizada na Zona Sul do Rio de Janeiro, a PUC é uma universidade privada, e eu fazia um curso noturno. Esses fatos eram, no meu entender, determinantes para perfis tão diferentes. O curso era mais fácil, e eu me interessava sobretudo pelas aulas de economia e pelos ensinamentos sobre conceitos de administração.

Consegui conciliar os dois cursos e acabei me formando com 21 anos em Administração de Empresas em 1984, e seis meses depois, já com 22 anos, obtive o diploma de Engenharia Civil. O plano traçado de passar nos dois vestibulares, fazer as duas faculdades ao mesmo tempo e terminar a graduação dentro de cinco anos fora cumprido. A missão seguinte seria ingressar no mercado de trabalho.

4.
O esporte sempre presente

SEMPRE GOSTEI DE DESAFIOS, superação, planejamento, competição, metas, disciplina e busca de aprimoramento. Encontrei tudo isso no esporte. Ainda criança, comecei a nadar no Fluminense Football Clube e depois, já no Santo Inácio, jogava futebol, tênis de mesa e vôlei. Quando tinha dezesseis anos, passei a praticar windsurfe. Sempre fui da turma dos esforçados e dedicados, não dos talentosos. Era um dos primeiros a chegar para velejar e um dos últimos a sair. Inicialmente praticava na Lagoa de Marapendi, na Barra da Tijuca, depois migrei para o mar da Praia do Pepê (naquela época conhecida como Farol da Barra). A tranquilidade das águas calmas da Lagoa foi substituída pelos saltos e descidas nas ondas. O esporte se tornou mais desafiador e emocionante.

A Lagoa de Marapendi é um bom exemplo do nosso descaso com o meio ambiente e com a questão do saneamento básico. Era um local bastante disputado por centenas de velejadores na década de 1980, mas que acabou se tornando impróprio para a prática de esportes por conta do recorrente despejo de esgoto sem tratamento nas suas águas.

O saneamento básico é um grave problema que enfrentamos no Brasil até hoje. Quase 100 milhões de brasileiros não têm acesso a rede de esgoto, e 35 milhões não recebem água encanada. Essa situação traz uma série de consequências danosas para a população, com impacto relevante na área da saúde. Espero que com a aprovação, em 2020, do novo marco regulatório para o saneamento básico tenhamos um maior desenvolvimento na nossa infraestrutura com a participação de empresas privadas.

Logo que entrei na faculdade, incentivado por Marcelo Lessa, meu amigo do Fundão, com quem dividia os estudos e a carona, passei a me dedicar à corrida, que se transformou em um hábito e uma fonte de desafios. Corríamos quase diariamente no calçadão da praia, na Lagoa Rodrigo de Freitas, na Vista Chinesa ou nas Paineiras. O Rio de Janeiro é uma cidade privilegiada e poderia ser um paraíso para quem pratica esse esporte. Infelizmente, a violência urbana, a falta de policiamento adequado e a péssima conservação dos espaços públicos tornam arriscado algo que deveria ser saudável e prazeroso. Em maio de 2015, Jaime Gold, um médico de 57 anos e um dos meus companheiros de treinos longos quando me iniciei na corrida, foi esfaqueado durante um assalto na Lagoa enquanto pedalava e não resistiu. No ano seguinte, um colega do Santo Inácio acabou morrendo quando uma parte da ciclovia construída na avenida Niemeyer veio abaixo durante uma ressaca marítima. Tristes exemplos dessa realidade.

Conforme fui me interessando pela corrida, passei a pesquisar e ler sobre o esporte para tentar estruturar meu próprio treinamento. Além de técnicas e treinos, os livros traziam depoimentos sobre como vencer desafios e competições. Uma das frases que gostava de ler e reler era: *"After you run a marathon you can run into the sunset, you are a hero"* (Depois de correr uma maratona, você pode correr em direção ao pôr do sol, você é um herói). Planejava correr os 42 quilômetros, e entendia que a motivação seria fundamental.

Encorajado por Marcelo, e com apenas quatro meses treinando com alguma regularidade, me inscrevi para correr a minha primeira maratona aos dezoito anos. Não era uma prova para iniciantes, mas fazer algo desafiador me estimulava. A largada seria às seis horas da manhã, perto do aeroporto Santos Dumont, na região central do Rio de Janeiro. A chegada era em uma pista de atletismo, com plateia acompanhando, o que gerava um incentivo extra para corrermos mais rápido. Nessa época, não havia o gel ou as barras energéticas tão comuns hoje em dia, e fiz a prova inteira só bebendo água. Nos metros finais, acelerei o passo para tentar melhorar meu tempo, mas sem muito sucesso, pois já estava exausto. Completei os 42 quilômetros e 195 metros cruzando a linha de chegada junto com o Marcelo. Fiz o trajeto em quatro horas e treze segundos. Era um bom resultado para uma primeira vez, mas fiquei chateado, porque por muito pouco não quebrei a barreira das quatro horas.

A partir daquele momento, o objetivo seria superar o meu desempenho inicial. Passei a treinar em dobro. Naquela idade, o corpo aguentava o esforço extra. Para ter controle do meu treino, criei uma planilha de treinamento que guardo até hoje. A diferença é que naquele tempo ela era feita à mão, em cadernos, e hoje ficam armazenadas automaticamente nos relógios. Eu alternava cores para cada tipo de anotação: usava caneta preta para destacar quando a corrida foi difícil, verde quando eu corria na grama e vermelho quando fazia subida. Também marcava a distância, o local, o ritmo, o tempo e o tipo de treino. Anotava qual tênis havia usado e depois somava o quanto já tinha corrido com cada calçado. Em alguns meses cheguei a correr mais de quinhentos quilômetros.

Corria diariamente, no horário em que encontrasse oportunidade. Às vezes nos intervalos das aulas, ou até duas vezes por dia. No fim de semana, o treino era dobrado. Certa vez, em um sábado, não acordei me sentindo bem. Mesmo assim, saí para correr com a meta de completar trinta quilômetros. Fiz só catorze quilômetros e fiquei muito frustrado. À noite, estava me sentindo melhor e saí para treinar novamente, corri mais 25 quilômetros. Fechei o dia com 39 quilômetros percorridos.

Em outra ocasião, desgostoso com o resultado de uma prova da qual havia participado, resolvi que deveria treinar mais fazendo um percurso diferente e com mais subidas. Pedi para meu pai me dar uma carona até o Cosme Velho, no início do caminho para o Cristo Redentor. Passaria pela Floresta da Tijuca e desceria para São Conrado, pegando a avenida Niemeyer e terminando no Leblon, onde morava. Errei o percurso e, depois de correr por quase duas horas, sem comida e com apenas um real no bolso, descobri que estava na Barra da Tijuca, no Itanhangá, quase dez quilômetros distante de São Conrado. Não havia outra solução que não fosse continuar correndo e gastei o meu real apenas no final de São Conrado para comprar uma garrafa de água. Ainda faltavam cerca de seis quilômetros, mas eu estava feliz, pois já me sentia em casa. Naquele dia corri, sem ter planejado, por cerca de três horas e meia.

Um ano depois de começar a correr, em 1982, interessei-me pelo triatlo, esporte que havia acabado de chegar ao Brasil. A novidade e o desafio de uma prova composta de três modalidades — natação, ciclismo e corrida — logo me atraíram. Correr com muita intensidade acaba provocando várias lesões, de modo que a ideia de praticar esportes complementares para o condicionamento físico me interessou. No entanto, precisaria adquirir resistência para ser capaz de passar por uma sequência de provas e me aprimorar nos outros dois esportes, que ainda não treinava. Por isso, acordava cinco horas da manhã para pedalar antes de ir para a faculdade e, no intervalo das aulas do Fundão, nadava na piscina do campus.

Já em 1983, participei da minha primeira competição, chamada Triathlon Golden Cup, na qual tive que nadar dois quilômetros, pedalar outros sessenta e correr mais catorze. Saímos de Pedra de Guaratiba, Zona Oeste da cidade do Rio de Janeiro, e terminamos a corrida no Posto 6, em Copacabana. Naquela época também conheci o Ironman, uma competição de triatlo muito exigente que estava ganhando cada vez mais fama, com 3800 metros de natação, seguidos por 180 quilômetros de ciclismo e depois uma maratona completa de 42 quilômetros. Logo pensei: quero fazer essa prova um dia.

Dei uma pausa nos esportes quando me mudei para São Paulo, em 1988, para trabalhar no Banco BBA Creditanstalt. Recém-casado, ainda sem filhos, sem mar para o windsurfe e enfrentando os desafios profissionais de um banco nos seus primórdios, a adaptação em uma nova cidade havia alterado a minha rotina. Depois de alguns anos, fui pouco a pouco voltando à corrida e ao triatlo. O recomeço é sempre difícil. No início, mal conseguia correr vinte minutos, mas estava decidido a participar de um Ironman. Precisava agora planejar e executar esse projeto.

Em 1996, viajamos de férias para o Havaí, onde é realizada anualmente a prova de Ironman que deu origem ao circuito mundial que existe hoje. Queria assistir à prova, acompanhar a determinação e a superação dos participantes. A competição acontece em outubro, em semana de lua cheia, com largada às sete horas da manhã, e o tempo limite para chegada é de dezessete horas, ou seja, até a meia-noite. O calor e o vento tornam a competição ainda mais desgastante. A experiência deixou claro para mim como seria difícil completar a prova. Precisaria treinar muito e estar preparado para o sofrimento.

Um ano mais tarde, fui me encontrar com Marcos Paulo Reis, responsável por uma consultoria de esportes bastante conhecida em São Paulo. Tempos depois, ele me confessou que ao me ver naquele primeiro encontro, chegando ao Projeto Acqua, onde ele dava aula, já de noite e de terno e gravata, achou que eu não fosse levar os treinos a sério. Em nossa conversa, falei que já tinha uma meta: queria fazer o Ironman de Roth, na Alemanha. Ele provavelmente não acreditou que seria possível, pois eu estava acima do peso e sem treinar. Mas logo comecei a cumprir as planilhas de treinamento preparadas por ele e me inscrevi para participar da prova no ano seguinte, em 1998. Nas férias de 1997, viajamos para a Alemanha. Ao chegar, aluguei um carro e fomos para Roth, porque queria conhecer a cidade e o percurso. Voltei para o Brasil ainda mais animado com a beleza do lugar.

Montei uma rotina para tentar conciliar trabalho, família e esporte. Planejei cada detalhe do meu dia para encaixar os treinos, porque não tinha muito tempo. Treinava todos os dias da semana, com exceção da segunda-feira. Os treinos durante a semana eram curtos e em dois períodos: de manhã cedo pedalava em casa ou corria na rua, e à noite, depois do trabalho, nadava no Projeto Acqua. Aproveitava o final de semana para os treinos longos, fundamentais para quem pretende fazer um Ironman. Chegava a treinar sete horas por dia no sábado e no domingo. Nadava 2 mil metros, pedalava cerca de duzentos quilômetros e corria 35 quilômetros. Estava animado com a possibilidade de completar a prova e já começava a me impor um objetivo de tempo.

Mas nem tudo ocorre como planejamos. Eu e Rosa, minha esposa, chegamos à Alemanha uma semana antes da prova e fui abatido por uma forte gripe. Fiquei dois dias de cama, com febre, e só comecei a melhorar na véspera da prova, mas ainda estava fraco.

A pequena cidade de Roth estava lotada, eram 2700 participantes, o maior Ironman em número de atletas. Além disso, 300 mil pessoas estariam, ao longo do percurso, assistindo ao evento. A energia do lugar era contagiante. Estava decidido que iria tentar. Combinei com Rosa o seguinte plano: faria os 3800 metros de natação e, se me sentisse bem, tentaria completar a primeira volta de noventa quilômetros de ciclismo. Eram duas voltas, antes dos 42 quilômetros da maratona. No final da primeira, avaliaria meu estado e decidiria o que fazer. Marcos Paulo também estava lá. Cumpri meu planejamento de alimentação e me concentrei muito durante todo o percurso.

Ao final de onze horas e cinco minutos, completei o meu primeiro Ironman. Estava exausto. Fui para a tenda médica tomar soro, mas com uma grande sensação de realização. Rosa passou boa parte da prova rezando. Eu não acreditava que havia conseguido. No dia anterior, dera uma pedalada de vinte quilômetros e terminara muito cansado. O vencedor, o alemão Lothar Leder, primeiro atleta a completar um Ironman abaixo da marca de oito horas, vestia a camisa da seleção brasileira de futebol, pois naquele dia aconteceria a final da Copa do Mundo. Voltamos para o hotel e, ainda fraco e sonolento, vi o Brasil perder por 3 a 0 para a França.

Nos dez anos seguintes, continuei treinando bastante, sem prejuízo ao trabalho e à família. Os longos e muitas vezes sofridos treinos para o Ironman foram responsáveis por grandes amizades que perduram até hoje. Minhas três filhas (Ana Luiza, Maria Fernanda e Mariana), assim como Rosa, sempre me apoiaram e foram ótimas companheiras e torcedoras nas provas. Nesse período, completei várias maratonas, e Rosa acabou

correndo algumas delas comigo. Completei duas provas, Floren-
ça e Chicago, em menos de três horas, conquistando uma marca
com a qual sonhava desde que começara a correr. Em 1999 e em
2000, voltei a Roth e completei mais duas provas de Ironman,
baixando o meu tempo para 10 horas e 40 minutos. Participei
ainda de mais três Ironman em Florianópolis e terminei dois
deles, o último em 2007.

Acredito que o esporte deveria estar mais incorporado à educação das nossas crianças e jovens. Segundo o Censo Escolar de
2019, realizado pelo Instituto Nacional de Estudos e Pesquisas Educacionais (Inep), apenas 31,4% das escolas municipais
do País contavam com quadras para práticas desportivas. Já a
pesquisa "Escola, Movimento e Esporte: Cenário de Desenvolvimento Humano Integral", feita pelo Instituto Península em
parceria com a consultoria Plano CDE em 2019, identificou que
um terço dos professores de educação física investia recursos
próprios para adquirir novos materiais, uma vez que a maioria
das escolas tinha apenas equipamentos esportivos mínimos,
como bolas e redes. A prática esportiva desenvolve características que contribuem na formação de cidadãos melhores, como
senso de responsabilidade, disciplina, busca do aperfeiçoamento contínuo, preparo e planejamento para enfrentar desafios,
além do fato de as competições reconhecerem e premiarem os
esportistas por seus resultados.

Fico feliz por ter passado esse gosto pelo esporte para as
minhas filhas. Ana Luiza já completou várias provas de meio
Ironman, com ótimos tempos e vários pódios. Maria Fernanda
e Mariana também nadam, pedalam e correm com frequência.
Atualmente mergulhamos juntos, eu treino para poder participar de provas com elas e espero que em breve façamos um meio
Ironman em família.

5.
O início da vida profissional

MEU PRIMEIRO ESTÁGIO FOI EM uma pequena empresa de
cálculo estrutural, vaga para a qual um professor da UFRJ me
indicou. Fiquei bem interessado e animado, pois iria trabalhar e
aprender — na prática — o que estava estudando. O fato de ser
um escritório pequeno me daria a oportunidade de participar
de todo o processo, o que seria muito útil nessa fase inicial.

O engenheiro calculista é o responsável pelo planejamento
da estrutura a ser construída. Isso significa definir o dimen-
sionamento de lajes, vigas e pilares em linha com a planta de
arquitetura e determinar a distribuição da estrutura dos ferros,
levando sempre em conta a resistência dos materiais e fatores
externos, como o solo e o vento, de modo a garantir que a construção seja segura.

Além de todos os cálculos mais complexos, o desafio do bom
calculista é compatibilizar projetos muitas vezes arrojados em
termos arquitetônicos com estruturas simples, seguras e leves
que não comprometam a segurança ou a beleza do projeto. Essa

necessidade acabou por resultar na formação de parcerias duradouras entre renomados arquitetos e engenheiros calculistas. Um bom exemplo disso foi a que existia entre o arquiteto Oscar Niemeyer e o engenheiro calculista José Carlos Sussekind.

Eu cumpria o estágio na parte da tarde, no período entre as aulas das duas faculdades, participando da definição das plantas estruturais e dos cálculos, sempre com a supervisão do engenheiro responsável, dono da empresa. Estagiei nesse escritório por quase um ano.

Na sequência, fui trabalhar em uma empresa de engenharia. As atribuições do estágio eram completamente diferentes. Eles estavam construindo em Niterói, a cerca de vinte quilômetros da capital, um conjunto residencial com vários prédios. Eu trabalhava no escritório da companhia dentro do canteiro de obras do empreendimento, acompanhando toda a evolução da construção.

Nessa época, já não dava mais para depender de carona, e eu fazia tudo com meu carro. Às vezes, rodava cem quilômetros em um dia. Minha rotina básica era ir para o Fundão de manhã, onde almoçava, seguir para Niterói para trabalhar e, à noite, voltar ao Rio, para assistir aula na PUC. O curso de Engenharia ia ficando cada vez mais difícil com o avançar dos anos. Já o de Administração era mais tranquilo. A matéria mais complicada era cálculo, que eu já dominava bem em razão da engenharia. O acúmulo do trabalho com as faculdades, ocupando os três turnos dos meus dias, me deixava praticamente sem tempo para estudar. Tinha que apreender o máximo possível do conteúdo durante as aulas, e encaixava a prática do esporte entre alguns intervalos e nos fins de semana.

Até que, em uma sexta-feira, saindo de Niterói a caminho da PUC, fiquei preso por cerca de uma hora no trânsito do túnel Rebouças, que liga a Zona Norte à Zona Sul do Rio de Janeiro. Além de todo o estresse de ficar parado, perdi a primeira aula.

Normalmente, o fluxo era bem intenso, mas não daquela maneira. Naquela noite, cheguei ao meu limite. No dia seguinte, decidi sair do estágio e me dedicar integralmente ao término das duas faculdades.

Os estágios foram complementos interessantes para a minha formação. A remuneração era baixa e o trabalho, intenso, mas com a experiência que me propiciaram ajudaram a definir as matérias e os temas que eu deveria priorizar nas faculdades.

No último ano da graduação em Engenharia, tínhamos que escolher a área de especialização. Eu não tinha dúvidas e optei pelo cálculo estrutural, que já havia conhecido na prática.

O plano de me dedicar apenas à PUC e ao Fundão foi logo interrompido. Meus tios de Natal estavam construindo um hotel na Via Costeira da cidade e me fizeram uma proposta para assumir o cálculo estrutural de todo o empreendimento. Não fazia ainda ideia do trabalho que teria pela frente, mas não poderia perder a oportunidade de ser o responsável pela definição e pelo detalhamento de toda a estrutura de uma grande edificação. Por estar fazendo a especialização na área e pelo estágio realizado, me sentia seguro para assumir a tarefa. Em eventuais dúvidas, consultaria um dos professores, que era engenheiro calculista e com quem eu mantinha um ótimo relacionamento.

O projeto arquitetônico do hotel previa que a fachada fosse em formato de degraus, para que todas as varandas recebessem a luz do sol. A dificuldade inicial foi definir onde colocar as vigas sem prejudicar a harmonia do projeto. Cada andar tinha um desenho diferente e nem sempre havia uma parede para esconder a viga de sustentação do andar de cima. Ainda inexperiente, dediquei um bom tempo a esse trabalho de compatibilizar a planta estrutural com a de arquitetura.

Outro grande desafio foi realizar todas as tarefas sozinho. Em um escritório de cálculo estrutural, normalmente várias equipes realizam as diversas etapas do trabalho. Depois das definições de projeto, tudo deve ser detalhado em desenhos que são utilizados na obra para execução. Em 1984, os recursos tecnológicos eram quase inexistentes, se comparados aos que temos hoje. Os computadores eram raros, não existia internet, e-mail e nem mesmo a máquina de fax eu conhecia. Para realizar os cálculos mais complexos, contava com uma HP 42cv e desenvolvi alguns programas específicos de cálculo estrutural que o aparelho conseguia processar. Essa calculadora era o único suporte tecnológico de que eu dispunha. Tentei contratar pessoas para me ajudar desenhando as plantas, mas os resultados foram insatisfatórios, por problemas tanto com a qualidade como com o prazo. Depois de algumas tentativas, resolvi comprar uma caneta nanquim e fazia tudo eu mesmo: calculava, desenhava e mandava para Natal. Foi um ótimo aprendizado, mas um enorme desgaste.

Como conciliava o trabalho com as duas faculdades, eu acabava terminando tudo em cima da hora. Para economizar, precisava realizar a menor quantidade possível de remessas para Natal e assim despachar a maior quantidade de plantas de uma vez. Ainda não existia Sedex, e, embora a hoje extinta companhia aérea Varig tivesse um sistema de entrega em 24 horas, era preciso ir até o aeroporto para despachar as cargas. Virei frequentador assíduo do Santos Dumont.

Foi um período cansativo. Estava no último ano da faculdade, e além das aulas e provas ainda tinha o projeto de conclusão do curso de Engenharia, mas valeu a pena. O trabalho foi um verdadeiro exercício de empreendedorismo. Tinha a responsabilidade pela entrega do produto final e prazos a cumprir. Eu era o chefe e único funcionário do meu primeiro negócio. No ano seguinte, em 1985, fui à inauguração do Hotel Vila do Mar, que continua em operação até hoje.

Riscos calculados

As greves do funcionalismo público por aumentos salariais e melhores condições de trabalho atrasaram em alguns meses o término das aulas e a nossa formatura. Recebemos os diplomas apenas no início de 1985. Nessa época, havia pouca oferta de empregos na área da construção civil. As escassas oportunidades de trabalho para os jovens chegavam por representantes das empresas, que visitavam as faculdades e ministravam palestras para recrutar estudantes. A boa formação na área de exatas propiciada pela UFRJ fazia com que empresas de diferentes setores buscassem mão de obra qualificada na universidade. A Petrobras foi uma delas. A atrativa remuneração inicial e a garantia do emprego foram determinantes para que vários colegas da turma tentassem uma vaga na estatal.

O Brasil passava por uma das piores crises de sua história, marcada por inflação descontrolada, aumento da dívida externa e baixo crescimento econômico. O trabalho informal e o subemprego cresciam cada vez mais nos anos 1980, período que ficou conhecido como década perdida. Além disso, os rendimentos dos trabalhadores caíam expressivamente, por causa do processo inflacionário. Ocupar uma posição em uma grande empresa parecia ser a opção mais segura para quem estava começando naquela época.

Mesmo assim, decidi não participar do processo de seleção da Petrobras. Como cresci ouvindo em casa que deveríamos ser donos do próprio negócio, não me via trabalhando em uma empresa pública. Imaginava que a evolução de carreira na companhia seria muito lenta, e o fato de os cargos no alto escalão serem preenchidos por indicações políticas, e não técnicas, também me desanimou. Se fosse uma empresa privada, talvez tivesse tomado uma decisão diferente.

Por outro lado, o plano que eu tinha de me formar engenheiro e trabalhar na empresa dos meus tios, em Natal, havia sido deixado de lado durante os cinco anos da faculdade. Durante o projeto de cálculo estrutural que fiz com eles, cheguei a resgatar essa ideia, mas julguei que não daria certo. Havia uma diferença evidente entre as perspectivas da organização e as que eu queria para mim. Meus tios abriram outras frentes de negócio e não priorizaram a empresa de engenharia, que acabou sendo encerrada posteriormente. Embora seguir com eles parecesse o mais fácil a se fazer à primeira vista, concluí que não era a melhor escolha.

Atuar na área de cálculo estrutural, no entanto, podia ser uma boa decisão, já que eu havia acumulado uma pequena bagagem nessa carreira. Avaliei que montar um escritório especializado na área seria melhor do que trabalhar na empresa da família. A futura empresa já tinha até um nome: Risco Calculado.

Minha mãe teve uma participação ativa na empreitada. O escritório seria no último andar do prédio da rua Dona Mariana, onde meu pai tinha a sua clínica. Nosso lema continuava presente: evitar desperdícios e otimizar os recursos. Ela sugeriu que iniciássemos as atividades aplicando o cálculo estrutural em um empreendimento próprio. Talvez inspirada nos passos de meu avô, queria construir um pequeno prédio de três andares para depois vender os apartamentos. Nossos recursos eram limitados, e tínhamos que adquirir um terreno barato para conseguir tirar a ideia do papel. Compramos um na Ilha do Governador, bairro da Zona Norte do Rio de Janeiro, onde fica o aeroporto internacional da cidade e onde o preço era mais baixo do que nos bairros nobres da cidade. Entendemos que, além de ser uma área com potencial de valorização, poderíamos atrair um mercado interessante de pilotos e tripulações das companhias aéreas, que se encaixaria bem no produto imobiliário que iríamos oferecer. Fiz a planta do prédio, o cálculo estrutural e obtive as licenças junto à prefeitura para iniciar a construção. O plano, contudo, não chegou a se concretizar.

Novas possibilidades

Um dos meus amigos de corrida, Leonardo Pereira, era executivo do Citibank. Em uma das nossas corridas no início de 1985, logo após a minha formatura na Engenharia, ele perguntou se eu não tinha interesse em trabalhar no banco. Não tinha, respondi. Eu seria engenheiro, não me via no mercado financeiro. Mas ele insistiu. Disse que o Citibank procurava pessoas com uma mentalidade inovadora e que achava que eu me encaixava no perfil. Aquilo despertou minha curiosidade, mas não o bastante para me convencer a mudar de ideia. Ele então me convidou para participar de um coquetel que a instituição faria no Hotel Othon, em Copacabana. Não custava nada ir até lá, pensei. Como não havia nada a perder, aceitei.

Durante o evento, alguns profissionais do banco se apresentaram. Eram exemplos do sucesso que se poderia alcançar trabalhando ali. Usavam frases sedutoras como: "Eu tenho 29 anos de idade e já virei vice-presidente, venham trabalhar aqui". O objetivo era claro: inspirar e atrair novos quadros para a organização. E conseguiram.

Eu estava com 22 anos e, motivado pela apresentação inicial sobre o banco, resolvi participar da seleção; depois decidiria o que fazer. Inscrevi-me no programa de trainee e logo comecei o processo seletivo. A primeira etapa era uma dinâmica em grupo, experiência inédita para mim até então. Éramos trinta pessoas na sala, e fomos divididos em grupos de cinco. Cada equipe tinha de encontrar soluções para os problemas que os recrutadores apresentavam. Era algo que me atraía, e, mesmo sem ser uma pessoa extrovertida, consegui assumir a liderança do grupo. Acredito que isso tenha sido um dos fatores que me levaram à fase seguinte, com outros poucos candidatos.

Nessa ocasião, e em inúmeras outras que eu experimentaria ao longo da vida profissional, a vontade de liderar e resolver um problema superou minha personalidade reservada. No curso de Engenharia, somos preparados para resolver os problemas com base no raciocínio analítico. Um dos livros que li na graduação, do qual gostei muito, chamava-se a *Arte de resolver problemas*, de George Pólya. Na dinâmica do Citibank, essa habilidade desenvolvida na engenharia se mostrou muito útil. A avaliação de um problema com uma abordagem lógica foi o roteiro que sempre adotei para me auxiliar nas tomadas de decisão. Acredito que uma boa solução começa com um diagnóstico preciso.

A etapa seguinte foi uma entrevista com a responsável pela área de recursos humanos. A entrevistadora disse que, de acordo com o horóscopo chinês, eu era do signo de tigre e isso significava que nunca aceitaria trabalhar numa instituição financeira ou em um lugar como empregado. Obviamente era uma provocação, e respondi que estava sim interessado em ingressar no Citibank como funcionário.

O processo continuou, e fui entrevistado por mais sete executivos de diversas áreas do banco. Não imaginava que a seleção fosse se estender tanto e me vi diante de um problema. Com a remuneração recebida pelo projeto estrutural do hotel de Natal, eu havia comprado uma passagem para uma viagem ao exterior. O último ano da faculdade havia sido exaustivo, e eu precisava de férias.

A passagem não poderia ser remarcada, e resolvi deixar o destino me guiar. Já havia feito inúmeras entrevistas e ainda não estava seguro de que o mercado financeiro seria o meu futuro. Assim, avisei o meu pai: se me ligarem do Citibank para me contratar, eu anteciparei o meu retorno. Entretanto, se precisasse voltar antes do previsto apenas para mais entrevistas, a resposta seria "não, obrigado".

Faria um mochilão, com um amigo, por vinte dias na Europa. Levando em conta o orçamento disponível, o passeio teria que ser o mais barato possível. Minha mãe me deu um livro chamado *Europa a US$ 20 por dia*, que ensinava a fazer tudo com apenas essa quantia: comida, hospedagem e passeios. Era perfeito para a ocasião. Iria fazer todos os traslados de trem usando um passe que me daria acesso irrestrito a qualquer trecho do continente. Novamente, economizar era o lema. Mas essa viagem me ensinou que é preciso tomar cuidado com alguns tipos de economia. Decidi não comprar o passe, que na época se chamava Europass, no Brasil, pois pesquisei e descobri que o mesmo tipo de passe vendido na Europa custava a metade do preço. O problema foi que, quando lá cheguei, descobri que o tal Interrail só era vendido para residentes. Como estrangeiro, eu deveria ter adquirido o Europass antes da viagem, ainda no meu país. Comecei a ficar tenso com o desgaste e a incerteza da situação. A pretensa economia poderia se transformar em um gasto enorme, caso eu não conseguisse o passe único. Finalmente, após dois dias e visitas a inúmeros pontos de venda, um dos atendentes, percebendo a minha angústia, me vendeu o passe.

A viagem foi excelente. Havia me dedicado muito aos estudos e ao trabalho nos últimos anos, e uma pausa era bem-vinda. Cumprimos à risca o orçamento de vinte dólares diários. Para isso, nos hospedamos em hostels, onde as diárias são mais baratas e os quartos, compartilhados, como a Young Men's Christian Association (YMCA) — Associação Cristã de Moços, em português. As refeições e os passeios eram bem planejados, e seguíamos as dicas do livro.

No meio da viagem, telefonei para o meu pai, e ele me disse que o Citibank havia me procurado para informar que eu havia sido aprovado no processo seletivo. Eu seria um dos 53 trainees contratados em todo o Brasil. No Rio de Janeiro, fui um dos oito selecionados dos 150 que se inscreveram. A data em que me pediram para estar de volta era justamente o dia do meu retorno. Achei a coincidência um bom sinal para começar aquela nova fase.

Com a contratação pelo Citibank, eu e minha mãe resolvemos vender o terreno da Ilha do Governador já com o projeto aprovado. Obtivemos ainda algum lucro, o que nos deixou satisfeitos. A Risco Calculado não chegou a sair do papel, e o destino havia mudado o meu rumo.

Executivo, por enquanto

Assim que desembarquei no Rio de Janeiro, fui direto me apresentar no Citibank. Eu havia sido aprovado para duas áreas: "Premises", que tinha um viés de engenharia, cuidava da infraestrutura do banco e fazia a gestão administrativa; e "Corporate", que atendia os grandes clientes em todas as suas necessidades financeiras, especialmente em aplicações e empréstimos. Eu não sabia o que cada uma significava na prática, nem a sua importância. Como engenheiro, minha primeira opção seria Premises, mas Leonardo, que havia me incentivado a participar do processo seletivo, defendeu muito enfaticamente que eu deveria ir para Corporate, onde ele atuava. Esse era o "core business" — o negócio principal do banco. Segui seu conselho, e assim a engenharia ficava definitivamente para trás.

Em minha estreia na vida profissional depois de formado, iniciava uma carreira como trainee no Citibank em março de 1985. Eu ainda tinha o objetivo fixo de ter o meu próprio negócio. Aquele emprego seria apenas um período de aprendizado. A verdade era que a faculdade nos ensinava a ser engenheiros, mas não nos preparava para o mercado de trabalho. De modo que seria importante, ao menos em um primeiro momento, ganhar experiência trabalhando em uma grande empresa. No banco, eu receberia treinamentos que aumentariam meu valor profissional e poderia entender, na prática, como funciona uma organização — seus valores, procedimentos, divisão de tarefas, sistemas decisórios etc. Tudo isso seria muito útil e aumentaria a minha capacidade de empreender e ter sucesso no futuro. Mas logo descobriria que o espírito empreendedor pode — e deve — estar presente em qualquer posição de trabalho que você ocupe. Um bom profissional é aquele que pensa como o dono do negócio no qual trabalha.

Estava no banco havia seis meses quando a matriz, em Nova York, resolveu fazer um programa piloto de treinamento sobre as diversas atividades do mercado financeiro. Um gerente de contas qualificado deveria conhecer em profundidade todos os produtos do banco, com suas características, aspectos contábeis e legais. O curso seria realizado em San Juan, capital de Porto Rico, com trainees de doze países, como Estados Unidos, Brasil, México, Panamá, Chile, Venezuela, Peru, Equador e Argentina, entre outros. Estava diante novamente de mais um processo seletivo: dentre os 150 trainees que ingressaram no banco comigo, somente quatro seriam selecionados. Após várias entrevistas, a última delas com o presidente do Citibank no Brasil, fui um dos quatro escolhidos. Desembarquei em San Juan, em setembro de 1985, aos 22 anos.

Estudo à exaustão e contas gigantes

Logo que cheguei, uma americana, diretora do centro de treinamento de trainees, me deu uma pilha de livros e disse: "Houve um problema na remessa dos livros para o Brasil e você já deveria tê-los lido para estar preparado antes do início do curso. Agora terá que ler tudo de uma vez". Além do acúmulo de leitura, tínhamos uma carga de trabalho intensa.

O treinamento era composto de diversos módulos e a cada semana abordávamos um assunto ligado ao negócio, como contabilidade, comércio exterior e tesouraria. Ao final de cada módulo, realizávamos uma prova individual, que dava origem a um ranking com todos os participantes. O banco tinha como hábito estimular a competição entre os funcionários. Tínhamos aula todos os dias, inclusive aos finais de semana, todas em inglês, com exceção da de contabilidade, que foi ministrada em espanhol.

O Citibank sempre investiu muito no treinamento dos seus funcionários, e o curso mais conhecido era o Bourse Game, um jogo que simulava a operação dos bancos. Para a realização desse módulo, deixamos o prédio onde morávamos e nos instalamos por uma semana em um luxuoso hotel cinco estrelas. Foi uma oportunidade para comermos bem, deixando os congelados de lado, e lavarmos todas as nossas roupas, já que todos os serviços estavam incluídos.

Éramos 27 trainees de diversas nacionalidades, e fomos divididos em doze duplas e um trio, cada um representando um banco fictício. Os treze bancos deveriam operar na compra e venda de moedas de quatro países, também fictícios, e em operações de empréstimos e captações nessas mesmas moedas. Ao início de cada dia, recebíamos as notícias econômicas e políticas de cada país para avaliarmos os impactos nas taxas de juros e nas respectivas moedas, e assim definíamos a nossa estratégia de atuação.

O treinamento simulava a operação da mesa de tesouraria de uma instituição financeira. Um grande banco opera em várias moedas, recebe recursos dos seus depositantes e empresta para os seus clientes. As equipes tinham que gerenciar recursos em diferentes moedas, com prazos distintos entre as captações e as aplicações, preservando a saúde financeira das instituições. O objetivo do jogo era realizar essa administração obtendo a maior lucratividade possível. Empenhei-me ao máximo na atividade e, ao final dos cinco dias do exercício, junto com meu parceiro de dupla — um trainee da República Dominicana —, fomos o banco mais rentável e levamos o prêmio destinado ao primeiro lugar.

Certa vez, trancado no quarto mergulhado nos livros, desmaiei ao me levantar da cadeira. Só então me dei conta de que não comia havia horas, e minha pressão baixou. Foi como na época em que eu pegava no sono estudando para o vestibular, e que aconteceu também na prática de esportes: quando tenho uma meta, dedico-me a atingi-la até a exaustão, nem sempre de forma saudável. Tratava-se de algo de que eu precisaria cuidar ao longo da vida.

Ao final do período de treinamento voltei ao Brasil e, em janeiro de 1986, aos 23 anos, passei a trabalhar em um grupo que cuidava do relacionamento de grandes empresas com o Citibank. Com o objetivo de melhorar o nosso atendimento e avaliar os riscos de cada segmento, o banco tinha o procedimento de consolidar o atendimento pelo ramo de atuação dos clientes. Assim, assumi o setor de varejo e mineração. Atendia companhias como Lojas Americanas, Mesbla, Ponto Frio e Rio Paracatu Mineração, pertencente ao grupo inglês RTZ. Eu era responsável por todas as operações dessas empresas com o banco e por propor seus limites de crédito.

Outra coisa muito importante aconteceu por volta dessa época: logo depois que voltei de San Juan, comecei a namorar Rosa. Quando a conheci no Rio de Janeiro, aos catorze anos, a primeira impressão que tive dela foi a de que era uma pessoa reservada e tranquila. Eu ainda não sabia que, por trás do jeito aparentemente calmo, havia uma personalidade forte, um senso rigoroso do que é certo, uma sinceridade por vezes até excessiva ao expressar o que pensa e um espírito protetor que eu viria a conhecer bem nos anos seguintes.

Nos aproximamos por meio das nossas famílias. Ainda na residência médica no Hospital Federal dos Servidores do Estado, meu pai conheceu Elias Nasser Neto, pai dela. Ainda solteiros, os dois se tornaram grandes amigos e mantiveram o contato mesmo depois que Elias — ou Lilito, como era conhecido — terminou sua residência e retornou para clinicar em Campo Grande, no Mato Grosso do Sul, onde conheceu sua esposa, Milvia Tonissi, nascida em São Carlos, São Paulo. Os casais se encontravam sempre nos congressos de medicina, e a amizade, que passou a incluir as esposas, se consolidou.

Aos dezessete anos, Rosa se mudou para o Rio de Janeiro a fim de cursar Direito na Universidade Santa Úrsula. Não tínhamos nenhuma proximidade, e sua turma de amigos era diferente da minha. Depois de se formar, com 22 anos, ela voltou para o Mato Grosso do Sul, passou no concurso da Defensoria Pública e começou a atuar no interior do estado.

Mas, em uma de suas vindas ao Rio, o destino nos uniu novamente. Começamos um namoro à distância e não demoramos a nos casar, em Campo Grande, no final de 1987. Rosa nunca se importou com festas, e dessa vez não seria diferente, uma vez que para ela o mais importante era celebrar a nossa união em uma cerimônia religiosa, com a bênção da Igreja Católica.

Rosa pediu exoneração do cargo na Defensoria Pública no Mato Grosso do Sul, e começamos nossa vida a dois no Rio de Janeiro. Eu utilizei todos os recursos que havia economizado até então e, com um empréstimo feito pelos meus pais, compramos o nosso primeiro apartamento. Uma filosofia que eu trazia de casa era tentar não pagar aluguel.

Assumindo um novo risco

Eu estava no Citibank havia cerca de três anos e com o cargo de gerente quando recebi um convite para trabalhar no Banco de Investimento Garantia, fundado por Jorge Paulo Lemann, Marcel Telles e Carlos Alberto Sicupira. O Garantia já era uma referência no mercado financeiro, conhecido por reunir gente muito capacitada e ambiciosa, em um ambiente interno altamente competitivo, que oferecia possibilidade de ascensão rápida, elevados ganhos financeiros e participação acionária. Era um modelo que me atraía.

Seus sócios estavam montando o Gardi Asset Management, uma empresa independente e especializada na gestão de recursos de terceiros. Novamente, o processo de seleção consistia em participar de inúmeras entrevistas com os executivos e sócios do banco. Fui aprovado e resolvi aceitar a proposta, mesmo com um salário inferior ao que recebia no Citibank. A filosofia do

Garantia era: "Você vai ganhar menos no começo, mas depois vai ganhar mais".

Após informar a minha decisão de deixar o Citibank ao meu superior imediato, fui chamado para conversar com dois vice-presidentes, Arnoldo de Oliveira e Georg Lipsztein, os principais executivos do banco. Conversamos longamente, e eles me convenceram de que não fazia sentido sair naquele momento, pois minha carreira na instituição estava em ascensão, e afirmaram que o banco tinha um futuro promissor para mim. Acabei voltando atrás, desisti de trabalhar na Gardi e permaneci onde estava. Seis meses mais tarde, para minha surpresa e decepção, os dois deixaram o Citibank e assumiram o comando do Banco Nacional, então uma das maiores instituições financeiras do Brasil.

Menos de um mês depois, em julho de 1988, recebi uma ligação de Candido Bracher. Eu não o conhecia, mas logo associei o seu sobrenome ao de Fernão Bracher, que havia sido presidente do Banco Central. Imaginei que tivessem algum parentesco, e Candido logo me confirmou que era filho dele. "João, você me foi indicado por algumas pessoas. Estamos abrindo um banco e eu gostaria que você viesse a São Paulo para conversarmos", disse ele. Fiquei interessado. Comprei a passagem de ponte aérea e fui ao encontro do Candido no centro da capital paulista. O banco ainda iria começar as suas atividades e naquele momento não tinha nem um escritório próprio. Nos encontramos em uma sala na rua do Tesouro que haviam conseguido por empréstimo temporário.

A conversa com Candido, que seria o diretor da área comercial do futuro banco, fluiu bem do começo ao fim. Já no primeiro momento, tivemos uma grande empatia. Gostei do seu jeito tranquilo e equilibrado e do projeto que ele me apresentou: o BBA Creditanstalt — uma associação entre dois executivos brasileiros,

Fernão Bracher e Beltran Martinez, e um banco austríaco — seria uma instituição financeira de médio porte direcionada ao atendimento de grandes empresas nacionais e multinacionais.

Voltei para o Rio bastante pensativo. Adorava a cidade, estava casado havia pouco mais de sete meses e ainda terminando de montar nosso apartamento. Mas sempre gostei de um desafio e, felizmente, Rosa também. Conversamos um pouco, e a decisão foi fácil e rápida: iríamos nos mudar para São Paulo.

Avaliei que começar algo com pessoas sérias, com visão de longo prazo, em um projeto desafiador e que me permitiria participar de toda a sua evolução desde o nascimento era uma oportunidade que eu não poderia deixar passar. A chance de crescer rapidamente era muito maior do que em uma instituição já consolidada como o Citibank. Além disso, eu tinha a convicção de que as maiores oportunidades para quem trabalha no mercado financeiro estavam em São Paulo. Se eu quisesse crescer profissionalmente, precisava ir para lá. Aceitei a proposta.

Coincidentemente, no dia em que comuniquei a Candido Bracher que aceitava o convite para trabalhar no BBA Creditanstalt, recebi uma ligação do George Lipsztein, o ex-vice-presidente do Citibank. Fui encontrá-lo no seu escritório no Banco Nacional, e recebi uma oferta para trabalhar lá. Expliquei que havia acabado de aceitar uma proposta de emprego e estava indo para o BBA. Ele imediatamente retrucou: "João, não sei qual será a sua remuneração lá, mas cubro a proposta e você vem trabalhar aqui". Agradeci, mas informei que tinha assumido um compromisso com o Candido. Sete anos depois, em 1995, o Nacional foi liquidado pelo Banco Central, acusado de fraudes contábeis por inflar seu patrimônio e forjar resultados positivos.

Quando novamente fui pedir as contas no Citibank, tive o seguinte diálogo com meu chefe:

— João, você está maluco? Vai sair do Citibank agora que já é gerente? Qual o futuro desse pequeno banco daqui a dois anos? Ter uma filial no Rio?

— Não tenho uma resposta precisa, mas tenho uma certeza: se tudo correr como imagino, posso crescer bastante junto com a instituição que está começando. Por outro lado, se tudo der errado, em dois anos estarei de volta ao mercado de trabalho, procurando emprego no Citibank ou na concorrência.

Dessa vez eu estava convicto. Tinha 25 anos, e era a hora de arriscar.

6.
A mudança para São Paulo
e a vida em família

COM O CONVITE ACEITO PARA COMEÇAR NO BBA, a tarefa seguinte era nos instalarmos na capital paulista. A remuneração seria maior do que a que tinha no Citibank, mas eu teria que custear a mudança, o aluguel em São Paulo e eventuais idas ao Rio de Janeiro. Na negociação com o Candido, não mencionei essas despesas, pois seguia uma lógica muito simples: o salário era o valor que o banco estava disposto a pagar para um gerente de contas. Se a pessoa morava em São Paulo, no Rio de Janeiro ou qualquer outro lugar, o custo relacionado a moradia e transporte deveria ser arcado por ela, e não pela instituição.

Esse também foi o conceito que segui sempre que contratei alguém, e é nisso que acredito. Adotamos essa mesma filosofia no Novo em relação aos nossos mandatários em Brasília. Nenhum deles recebeu auxílio mudança ou auxílio moradia. Acredito que deveria ser assim com todos os parlamentares. Onde a pessoa mora, como se alimenta e com que frequência viaja são questões pessoais e não devem ser custeadas por terceiros, mas sim por quem toma essas decisões.

Resolvemos que, no primeiro momento, eu iria sozinho para São Paulo, assim poderia me dedicar integralmente ao banco que estava iniciando suas atividades, avaliar o andamento da nova empreitada e reduzir os custos. Instalei-me em um flat simples e no fim de semana ia de carro para o Rio. Aproveitava para levar as camisas do trabalho para lavar e passar, para desespero de Rosa, que nessa época cuidava das tarefas domésticas.

Ao final de cinco meses, entendemos que era hora de nos mudarmos para São Paulo e de colocarmos nosso apartamento do Rio para locação. As coisas no BBA evoluíam bem, mas nos fins de semana eu sentia falta do mar e do azul do céu carioca. O hábito de praticar esportes, de frequentar a praia e o desejo de ver o horizonte faziam com que muitas vezes nas sextas-feiras, no final da tarde, pegássemos o carro e rumássemos para o Rio. Conhecia cada curva da Via Dutra, estrada que une as duas cidades. Ficávamos na casa dos meus pais. O fim de semana era cansativo, mas valia a pena.

O nascimento das meninas

Eu havia acabado de completar 27 anos quando Rosa, que trabalhava em um escritório de advocacia, começou a ter enjoos frequentes e descobriu que estava grávida de dois meses. Nos primeiros anos da vida em São Paulo, continuamos a manter fortes vínculos com o Rio de Janeiro, tanto que ela ainda se consultava com um obstetra de lá.

Em 28 de abril de 1990, um sábado, fui praticar windsurfe na Barra da Tijuca, como fazia quando estava no Rio, acompanhado por Rosa. Gostava de velejar durante a tarde, pois é o período do dia em que mais venta e aproveitávamos para ficar na praia até o sol se pôr. Ao voltar da praia, resolvemos jantar na tradicional

Churrascaria Majórica, no bairro do Flamengo. Rosa estava no final da gravidez e manifestou o desejo de comer carne.

Por volta da meia-noite, ela começou a passar mal e disse que estava se sentindo péssima. Na minha família, sempre minimizávamos as doenças, só dávamos importância quando era algo grave e "eventualmente" errávamos nessa avaliação inicial. Dessa vez não foi diferente. Eu disse para Rosa que ela provavelmente havia comido carne estragada. Era só dormir que o mal-estar iria passar.

Felizmente, no quesito saúde, Rosa é mais responsável. Acordou sua mãe, que tinha vindo de Mato Grosso do Sul para ajudá-la, e foi enfática: "Não, Rosa Helena, isso não é nada de carne estragada. Isso é a Ana Luiza nascendo! Ligue para o seu médico".

Mesmo assim, demorei para processar a informação — continuava com a ideia da carne estragada. Pois eu estava errado. Corremos para o hospital, e ela entrou em trabalho de parto. Demorou algumas horas, mas Ana Luiza nasceu. E então a minha ficha caiu. Eu me tornara pai.

Em 25 de outubro de 1991, um ano e meio depois do nascimento de Ana Luiza, veio Maria Fernanda. Já não havia mais aquela ansiedade da primeira vez, mas no dia do parto também demorei para acreditar. Eu estava em São Paulo trabalhando quando recebi uma ligação da Rosa, que estava no Rio e ainda no oitavo mês de gestação: "O médico disse que o parto precisa ser feito hoje. A Maria Fernanda vai nascer!". Respondi: "Que vai nascer, nada!". Pois nasceu.

Embora já estivéssemos mais estabelecidos em São Paulo, Rosa continuava com o mesmo obstetra. Assim, em 8 de julho de 1994, mais uma vez no Rio, nasceu nossa caçula, Mariana. Dessa vez, não duvidei quando chegou a hora do parto. A família estava completa.

Educação pelo diálogo

O núcleo familiar sempre foi importante para nós. Tanto eu como Rosa tivemos a felicidade de nascer em famílias grandes e muito unidas. Como os nossos pais, fomos rígidos na educação das nossas filhas, pois entendíamos que a nossa atuação e exemplo seriam determinantes para formar o caráter delas.

O jantar era o momento em que todos estavam reunidos para falarmos das atividades do dia e debatermos os próximos passos da família. As viagens, os negócios, as competições esportivas, o bônus que eu receberia, as festas de aniversário, a criação do Partido Novo — enfim, todos os assuntos eram discutidos ali. Acredito que esse processo contribuiu muito na formação das meninas e nos deu uma grande unidade como família para enfrentar os desafios pelos quais passamos.

O diálogo e a transparência sempre estiveram presentes. Eu tinha o hábito de contar para elas tudo o que estava acontecendo no trabalho. Gostava que soubessem o que eu tinha feito para resolver tal problema, quanto estava ganhando e quanto podíamos gastar. Achava importante que elas conhecessem como é a vida profissional de um adulto, como se conquistam as coisas, para saberem que nada cai do céu. Também era uma oportunidade para que vivenciassem as posturas que eu e Rosa considerávamos corretas, que vissem como agíamos para depois seguirem nosso exemplo. Queríamos prepará-las para os desafios da vida, transmitindo princípios e valores, para que tivessem uma atitude humilde e responsável.

Embora eu tivesse uma carga intensa de trabalho e viagens que, durante a semana, me afastavam da família, sempre valorizei e aproveitei ao máximo os momentos que passávamos juntos. Acordava cedo para pedalar ou correr, ia trabalhar, praticava natação no final do dia e voltava para casa às oito da noite. Maria Fernanda ficava me esperando chegar e, quando ouvia meus passos, se escondia atrás da porta para me dar um susto. Boas lembranças.

As viagens também faziam parte da forma como queríamos educar as meninas. Não se tratava apenas de passear em lugares diferentes. Quando viajamos, abrimos a mente e os horizontes. Elas gostavam de entrar em contato com culturas diversas e aprender sobre a história dos outros. Sempre que íamos a museus, Ana Luiza, que viria a se formar engenheira ambiental, já pedia desde os oito anos para fazermos perguntas sobre a exposição que acabara de ver. Ela lia e estudava todo o material disponível para, no final, testarmos o seu conhecimento. Eu fazia dez perguntas, mas ela insistia para responder mais. Por isso, eu precisava estudar também. Mariana, hoje arquiteta, sempre teve um gosto especial e atenção pelas artes. Maria Fernanda, a médica da família, desde pequena já cuidava de todos.

Vejo que elas absorveram de forma espontânea a dedicação e a busca pela excelência. Nunca fomos o tipo de pais que exigiam que os filhos estivessem entre os primeiros alunos da sala. Apenas transmitíamos a importância de se dedicar dando o melhor de si para se conquistar o que se quer. Por exemplo, nunca colocamos pressão em relação ao vestibular e procurávamos deixá-las livres para que fizessem suas escolhas, sabendo lidar com as consequências. Na maioria das vezes, era perceptível que elas se cobravam muito mais do que nós. Mas eu sempre dizia, sobre a carreira que elas deveriam escolher: "Se você fizer o que gosta, vai ser uma boa profissional".

Infelizmente, no Brasil, a educação básica fornecida pelo setor público é sofrível, o que limita consideravelmente as oportunidades da geração mais jovem e coloca o País em um círculo vicioso de baixo crescimento e pobreza. No mais recente ranking do Programa Internacional de Avaliação de Estudantes (Pisa), o Brasil ficou no 59º lugar em leitura, no 67º em ciências e no 72º em matemática, em um universo de 79 países que participaram da avaliação. Esses resultados refletem a má administração do dinheiro público investido nos serviços básicos para a população.

Nossa principal preocupação foi transmitir a nossas filhas os valores de responsabilidade, honestidade e seriedade. Ana Luiza, Maria Fernanda e Mariana, apesar das personalidades distintas, têm em comum os traços da criação que tiveram, e são pessoas alegres, companheiras e confiáveis das quais me orgulho muito. Hoje as duas mais velhas estão casadas e Rosa e eu já viramos avós, mas o nosso companheirismo permanece o mesmo em todas as atividades. Continuamos firmes no totó — ou pebolim, que jogávamos quase todas as noites quando elas ainda estudavam na Escola Lourenço Castanho, em São Paulo, e que se tornou uma tradição da família — e nas viagens que fazemos para mergulhar juntos.

7.
BBA: A aposta deu certo

O BBA CREDITANSTALT S.A. INICIOU suas atividades em 1º de agosto de 1988, que foi também o meu primeiro dia de trabalho na instituição, como um dos quatro gerentes de conta. Era o funcionário número 07 de uma equipe ainda reduzida, com vinte colaboradores. Minha função era semelhante àquela que tinha no Citibank: cuidar dos empréstimos, aplicações e investimentos de grandes empresas.

Em 1986, o Brasil havia passado por uma crise externa e precisou renegociar sua dívida, pois não dispunha de dólares suficientes para honrar seus compromissos. Várias rodadas de negociações foram realizadas entre as autoridades brasileiras e os bancos internacionais e demais instituições financeiras credoras. A dívida brasileira foi em parte securitizada, transformada em títulos públicos, e passou a ser negociada com deságio no mercado internacional.

O banco é fruto desse contexto. Alguns credores, diante da perspectiva de recebimento de muito longo prazo ou de um valor menor, optaram por converter os empréstimos que haviam realizado em capital de risco, o que significava que se tornariam sócios de algumas empresas. Deixariam de ser credores e passariam à condição de investidores. O Creditanstalt fez essa opção, e assim formou-se o BBA. O banco austríaco entrou com o capital e os sócios brasileiros ficaram responsáveis pela gestão. Esse modelo foi seguido por outros credores externos, e alguns bancos médios, com um desenho parecido, surgiram na mesma época. A experiência dos sócios brasileiros e a autonomia que o sócio austríaco lhes ofereceu foram fundamentais para o bom resultado do BBA.

Fernão Bracher fora presidente do Banco Central e contava com um profundo conhecimento sobre o mercado financeiro internacional. Já Beltran Martinez havia trabalhado por quatro décadas no Bradesco, maior banco brasileiro durante muitos anos. Tenho grande admiração pelos dois, que contribuíram enormemente para a minha formação profissional. Tinham personalidades distintas, mas ambos demonstravam a simplicidade e a preocupação com o cliente como traços comuns.

A filosofia do banco era: existimos para servir ao cliente da melhor forma possível e nosso ganho será consequência dessa postura. Como fundador do Novo, essa é a cultura que sempre defenderei que seja adotada, sem desvios, pelo partido. Existimos para defender o interesse do indivíduo e nunca de um grupo específico. O Estado brasileiro, leia-se os políticos, tem atendido a pressão de grupos organizados para obtenção de privilégios às custas de toda a população. Incentivos fiscais para alguns segmentos, elevadas alíquotas de importação para determinados produtos, recursos subsidiados para grandes grupos econômicos e dinheiro público para partidos políticos são alguns dos exemplos. Precisamos urgentemente reverter esse modelo para colocar o cidadão, que paga a conta, como o maior beneficiário dos recursos públicos.

A sede do BBA ficava no Vale do Anhangabaú. Infelizmente, o centro de São Paulo, região marcada por construções históricas e arquitetura imponente, estava em decadência. Havia, inclusive, alguns movimentos da sociedade civil tentando revitalizá--lo, mas o local não era seguro. Entretanto, o andar amplo, a um custo razoável, permitia que todos nós estivéssemos em um único piso, o que ajudava a dar velocidade nas respostas às demandas dos clientes. As divisórias eram todas de vidro, não havia salas fechadas e todos os membros da diretoria dividiam o mesmo ambiente. A mensagem para a equipe era de transparência, com acesso fácil a todos e sem áreas estanques ou independentes, ou seja, uma operação integrada.

Lembro-me dos tempos do BBA quando analiso como funciona a administração na área pública. São secretarias, ministérios e órgãos que pouco conversam entre si, cada um fechado no seu gabinete, com inúmeros assessores, salas enormes, cada um defendendo a sua pauta e sem preocupação com o todo. Tudo rigorosamente ao contrário do que deveria existir para termos uma gestão eficiente, que atenda o cidadão com um mínimo de qualidade.

Nosso início, como o de qualquer startup, foi difícil. Disputávamos com muitas instituições financeiras um espaço bastante concorrido junto às grandes empresas brasileiras e estrangeiras. O BBA Creditanstalt era um banco de investimento e não tinha como oferecer uma rede de agências bancárias nem contas-correntes para os clientes. Naquela época de inflação elevada, os recursos parados, como depósitos à vista nas contas-correntes, geravam uma rentabilidade significativa para os comumente chamados bancos de varejo.

Como uma instituição ainda em fase inicial, havia o desafio de definirmos nosso perfil de atuação, clientes, produtos etc. Apesar de todos os executivos virem do mercado financeiro, traziam experiências distintas no currículo. Os acionistas principais, Fernão e Beltran, tinham suas origens em grandes bancos de varejo, enquanto outros, como Candido e eu, vínhamos de instituições que trabalhavam basicamente com empresas e operações estruturadas, conhecidos como bancos de atacado.

Na minha primeira semana de trabalho no BBA, ocorreu um episódio que ilustra bem o desafio inicial que enfrentaríamos para estabelecer um padrão de atuação para a recém-criada instituição. No Citibank, eu atendia algumas mineradoras de ouro, que, quando entendiam que o preço estava interessante, vendiam parte da sua produção futura fixando o preço em onças por dólar. Para pôr essa operação em prática e minimizar os riscos para a instituição financeira, alugávamos ouro de terceiros, vendíamos esse ouro à vista e com os recursos obtidos fazíamos uma aplicação financeira indexada ao dólar. O resgate da aplicação era feito no vencimento, quando entregávamos os recursos à mineradora em troca do montante em ouro previamente acordado. O ouro recebido era então devolvido a quem nos tinha alugado. Como o aluguel do ouro custava em torno de 2% ao ano e a aplicação em dólar rendia perto de 10% ao ano, a margem final de lucro era de 8% ao ano.

Descrevi toda essa operação para Candido, Fernão e Beltran e propus que a fizéssemos com as mineradoras. Quando terminei de explicar, Beltran se virou para mim e perguntou: "Não tem nada mais simples para fazermos?". Ao que eu respondi: "Tem, sim, mas não teremos, nem de perto, essa margem". Quinze dias depois, após prepararmos os contratos e nos estruturarmos adequadamente, estávamos realizando esse tipo de operação com os clientes. Ficou claro ali que o espírito inovador dos fundadores e a confiança na jovem equipe traziam agilidade e seriam um grande diferencial do nosso banco.

Nosso primeiro obstáculo era nos apresentar e convencer as empresas a incluírem o BBA no seu rol de bancos. Para isso, dedicamo-nos a conhecer com profundidade o negócio do cliente, sermos rápidos no atendimento das suas necessidades e envolvermos toda a alta administração do banco no contato com a empresa. Os relacionamentos dos sócios fundadores, com carreiras consolidadas no mercado financeiro, abriam portas, mas a partir desse momento a responsabilidade era da equipe comercial.

O tamanho do banco e a ótima sintonia com Candido Bracher, diretor da área, permitiram que eu contribuísse na estruturação e na estratégia inicial da instituição. Procurava sempre identificar onde teríamos vantagem competitiva e como poderíamos nos diferenciar da concorrência. Naquele momento, aprendi que uma instituição de sucesso se faz com gestão qualificada e obstinada, cultura de resultado e visão de longo prazo.

Em junho de 1989, dez meses após o início das nossas atividades, ocorreu a primeira avaliação de desempenho dos colaboradores. Eu havia entregado resultados significativos e estava otimista com uma possível bonificação. Não tinha ideia do quanto poderia ser — meu último bônus no Citibank havia sido equivalente a 3 mil dólares. Candido me chamou para a sala da diretoria e me avisou que eu receberia o equivalente a 65 mil dólares, o maior bônus do banco, com exceção da diretoria. Ele elogiou meu desempenho e fez um comentário que nunca esqueci: "Parabéns, você atua no banco como se fosse dono". Lembrei imediatamente de minha mãe e de sua defesa enfática de que eu tivesse o meu próprio negócio. Concluí que, mesmo ainda não sendo donos, podemos e devemos pensar sempre como tais. É possível trabalhar em uma instituição e atuar como se ela fosse sua, e eventualmente ser recompensado como se fosse. As realizações, tanto a pessoal como a financeira, serão maiores se agirmos assim.

Aquela quantia foi absolutamente inesperada. Eu contava com o bônus, acompanhava meus resultados e sabia que ganharia mais do que no Citibank, mas não imaginava que seria tanto. Nessa época, eu estava sem prancha de windsurfe, e uma nova custava cerca de 2 mil dólares. Eu não queria gastar esse dinheiro porque ainda devia aos meus pais o empréstimo feito para comprar o apartamento no Rio quando me casei. Nunca gostei de gastar com itens supérfluos nem de ter qualquer tipo de dívida, ainda que fosse com a família. Depois que recebi o bônus, paguei o empréstimo, comprei a prancha e voltei a velejar.

Graças a meu destaque como gerente de contas, no final daquele ano fui convidado para liderar a montagem da primeira filial do banco, que seria aberta no Rio de Janeiro. Fiquei feliz, pois estava vendo o banco crescer, e eu estava sendo promovido a diretor regional e voltaria a morar na cidade onde nasci e cresci. Aceitei prontamente o convite. Imaginava, contudo, que o crescimento profissional me obrigaria a retornar a São Paulo em algum momento.

Mais mudança

Como diretor regional do Rio de Janeiro, enfrentei alguns novos desafios. Estruturei uma equipe e passei a gerenciar pessoas, algo que nunca havia feito. O mais difícil, porém, foi enfrentar o cenário da época. Montamos a filial na transição do governo de José Sarney para o de Fernando Collor. O Brasil vinha de um período de hiperinflação, e o novo presidente havia implementado mais um plano econômico para tentar controlar a alta generalizada dos preços. O Plano Collor confiscou todos os valores superiores a 50 mil cruzados novos depositados em conta-corrente ou na poupança. Com o dinheiro bloqueado, as pessoas e as empresas não conseguiam pagar suas dívidas. Felizmente, a agilidade do banco nas renegociações de empréstimos e o bom relacionamento com os clientes fizeram com que superássemos a crise e saíssemos fortalecidos como instituição. Foi um período estressante e de muitas incertezas.

Menos de sete meses depois de ter me mudado para o Rio, fui surpreendido com um convite para almoçar com Beltran e Candido na sede do banco. Os dois gostariam que eu retornasse para assumir a diretoria regional em São Paulo. Durante alguns meses, a filial do Rio de Janeiro havia apresentado resultados superiores, o que não fazia sentido, considerando o potencial das duas cidades e o tamanho das equipes. Ficava claro que o desempenho da regional de São Paulo precisaria melhorar.

Eu havia acabado de comprar um apartamento na Lagoa Rodrigo de Freitas e, coincidentemente, no dia do almoço em São Paulo, um título do Jockey Club, que adquiri do meu avô. Perguntei a Beltran se era uma convocação e ele, como sempre direto e simples, disse: "Não, é uma promoção". Apesar da tristeza de deixar o Rio depois de uma passagem tão rápida, eu não podia perder a oportunidade. Estava com quase 28 anos e voltaria à capital paulista, dessa vez para uma jornada bem mais longa.

Em São Paulo, reforcei a equipe, aumentamos a quantidade de clientes e estruturamos uma área de produtos. O banco também evoluiu nas operações de tesouraria e começou a exibir crescimento significativo. No ano seguinte, houve uma mudança na cúpula da instituição: Candido Bracher deixou a diretoria comercial e assumiu a diretoria financeira e eu, aos 29 anos, fui promovido a diretor executivo, assumindo a sua posição e a responsabilidade por toda a área comercial, incluindo as filiais do Rio de Janeiro, de Campinas e a equipe de São Paulo. Além disso, passei a ter uma participação acionária no banco, pouco menos de 1%. O BBA começara naquele momento um programa para convidar executivos a se tornarem sócios. Comprávamos a participação pelo valor patrimonial da época e, quando deixássemos a instituição, venderíamos pelo patrimônio na data de nossa saída. Era a oportunidade de nos apropriarmos da valorização do negócio, como acontece com o dono.

As coisas estavam caminhando bem e com muita rapidez, com uma mudança de cargo a cada ano, apesar da minha relativa pouca idade. Tinha alcançado uma situação financeira estável e me sentia realizado com o trabalho.

A qualidade da equipe era, no meu entender, o ponto determinante para o nosso sucesso. Gostava de ter no time gente obstinada, que quisesse sempre fazer o melhor, que ficasse muito incomodada quando perdesse uma operação para a concorrência e que conhecesse o negócio do cliente quase tão bem quanto o próprio. Esse conhecimento permitia sugerir operações financeiras úteis para as empresas, sobre as quais nem os seus próprios sócios ou executivos haviam pensado a respeito. Era a forma de nos diferenciarmos e buscarmos maior retorno. Raramente eu me sentava na sala da diretoria — preferia ficar na mesa de operações para participar da estruturação das transações que realizávamos.

Eu e Rosa tínhamos uma vida confortável em São Paulo. Depois de cinco anos morando em apartamentos alugados, resolvemos comprar uma casa. Demorou, mas estávamos criando raízes na cidade. Eu havia conseguido retomar a prática dos esportes, e mesmo com muito trabalho e com o crescimento do banco, agora com unidades também em Belo Horizonte e Porto Alegre, conseguia treinar e aproveitar o tempo com as meninas em casa. Tudo isso só era possível graças à dedicação de Rosa a todo o resto.

8.
Fináustria: uma nova aposta

ENTRE 1986 E 1994, a economia brasileira sofreu com altas taxas de inflação. Chegamos a ter índices mensais superiores a 50%, e no ano de 1993 a inflação medida pelo IPCA atingiu a incrível marca de 2477%. A inflação é o maior e mais perverso imposto que existe. Ela retira o poder de compra de todos e em especial dos mais pobres, que não têm como proteger a moeda da sua desvalorização. A responsabilidade com as contas públicas é fundamental para evitarmos a volta de um quadro do passado como esse. Trata-se de um alerta importante para os mais jovens, que não viveram essa realidade dos anos 1980 e início dos anos 1990. É por isso que, quando me refiro a valores desse período, utilizo o dólar como parâmetro, visto que a nossa moeda, em decorrência da inflação e dos mais diversos planos econômicos, não era uma referência confiável de valor.

Em apenas oito anos, tivemos sete planos econômicos: foram trocas de moedas, congelamento de preços, bloqueios de recursos, expurgo nos índices de inflação. Apenas o último

deles, em 1994, o Plano Real, foi bem-sucedido no combate à alta sistemática de preços e trouxe a inflação brasileira
para patamares aceitáveis. Esse plano teve uma arquitetura
inovadora com a criação de uma unidade real de valor (URV)
que depois daria lugar ao real, a nova moeda. A conjugação
de medidas de cunho monetário com outras fiscais — como o
corte de despesas públicas, o saneamento e a venda de bancos
estaduais, privatizações e renegociação das dívidas dos estados
com a União — foi determinante para a estabilização da moeda e para a eleição em primeiro turno de Fernando Henrique
Cardoso, então ministro da Fazenda, como presidente da República. O fim da inflação foi uma importante conquista da
sociedade e indica que devemos estar sempre atentos e cobrar
do governo a responsabilidade fiscal e a defesa do poder de
compra da nossa moeda.

Nesse quadro de enorme volatilidade, o BBA Creditanstalt
implementou um evento que se tornou uma tradição no cotidiano do banco. Semanalmente, sempre às terças-feiras, recebíamos um economista para falar sobre a conjuntura econômica, o
cenário internacional e outros temas relevantes para as operações. As palestras eram abertas para os funcionários e clientes
convidados. Era uma forma de manter a equipe bem informada
e de conversarmos com os clientes sobre os possíveis cenários e
necessidades financeiras que o banco pudesse suprir.

Certa vez, o palestrante foi um economista argentino que
falou sobre a estabilização da moeda em seu país e sobre como
aquilo havia contribuído para o crescimento vertiginoso do
mercado de crédito para pessoas físicas. Durante muitos anos,
os fenômenos econômicos que aconteciam na Argentina se repetiam no Brasil depois de algum tempo. No mercado financeiro, chegou-se a criar a expressão "efeito Orloff", em referência a
um comercial de vodca em que um homem recebia a visita dele

mesmo no futuro querendo saber qual a marca da bebida que havia consumido, e alertando-o: "Eu sou você amanhã".

A análise do economista argentino me deu uma ideia: por que não entramos no negócio de crédito ao consumidor? O banco tinha uma boa capacidade de captar recursos para se alavancar para essa operação, que poderia aumentar a sua lucratividade. Seria importante, contudo, mantermos essa atividade segregada das operações tradicionais do BBA com grandes empresas. O perfil de atuação seria diferente, assim como a lógica do negócio, e a independência das operações nos permitiria avaliar melhor o desempenho de cada um dos setores.

Apresentei à diretoria o plano de entrarmos no segmento de crédito ao consumidor. Fernão e Beltran, que vieram de bancos de varejo, gostaram da ideia. Obtive sinal verde também dos demais. Como eu havia proposto o projeto, fiquei responsável por sua implementação. O melhor caminho, segundo o nosso entendimento, seria comprar uma operação já existente, pois ganharíamos velocidade na estruturação e na entrada no mercado de crédito. Optamos pelo ramo de financiamento de veículos, uma vez que eram operações de varejo com valores mais elevados e mais seguras, por contar com uma garantia real, o próprio carro. Além disso, tínhamos alguma experiência no setor ajudando a Fiat — que era nossa cliente — a financiar as suas vendas ao consumidor e à rede de concessionárias.

Depois de alguns meses de negociação intensa, adquirimos a Financiadora Mappin, pertencente à loja de departamentos homônima, especializada no financiamento de carros usados. Os acionistas do Mappin precisavam capitalizar a empresa principal, e a venda da subsidiária ajudaria nesse processo.

Uma das cláusulas contratuais exigia que deixássemos de utilizar a marca Mappin. Portanto, logo após a compra promovemos um concurso interno para buscar um novo nome para a financeira. Depois de várias sugestões, não recebemos nada que nos deixasse satisfeitos ou que já não fosse uma marca registrada. Assim, ao final, seguimos a sugestão de Beltran: juntamos o prefixo Fin, de financiamento, com Áustria, país de origem do Creditanstalt, banco sócio do BBA, e chegamos a Fináustria, um nome sem muito apelo de marketing. No momento da escolha, lembrei-me de um almoço do qual participara anos antes, entre a diretoria do BBA e a do Banco Garantia. Eles haviam começado a investir em outros negócios, fora do mercado financeiro. Tinham comprado a cervejaria Brahma e a empresa têxtil Artex e, na ocasião, Jorge Paulo Lemann fez um comentário que gravei: "Uma boa marca deve ter duas sílabas". Mas o nome já estava definido, não tinha volta. O importante agora era trabalhar na operação.

O Mappin vinha passando por dificuldades financeiras e isso se refletia na financiadora, que teve o seu crescimento limitado, com reflexo direto no ânimo dos funcionários. Quando o BBA assumiu, a primeira tarefa foi motivar o pessoal e sinalizar que, a partir daquele momento, com o novo acionista e mais recursos disponíveis para aumentar a carteira de crédito, a operação iria se expandir. Era importante transmitir motivação e esperança para a equipe.

Transferimos dois executivos da área administrativa do BBA para comandarem a nova empresa. Eu não participava do dia a dia da financeira, pois continuava responsável pela área comercial do banco e pelo relacionamento com as grandes empresas, mas, como havia proposto o investimento no varejo e realizado a aquisição, era o encarregado dentro da diretoria de acompanhar o andamento do novo negócio.

Com os resultados positivos obtidos no banco, começamos a ampliar a nossa atuação. Novas áreas foram criadas, como o private banking, para lidar com a gestão de recursos de pessoas físicas, uma nova empresa para gestão de fundos e uma área de mercado de capitais. Chegamos até a avaliar a compra de um grande banco de varejo, o BCN, mas felizmente a transação não prosperou. Na minha avaliação, seria um passo maior do que a perna.

Toda essa movimentação me preocupava. Eu não era contra expandirmos a nossa atuação, mas acreditava que deveríamos manter, para essas novas áreas, o mesmo espírito espartano que tivemos na montagem do BBA Creditanstalt. Precisávamos estabelecer métricas para avaliação dos novos negócios e principalmente um prazo para que se mostrassem viáveis, e deveríamos descontinuá-los caso isso não acontecesse. Não poderíamos dar chance para o erro.

Minha experiência acompanhando a evolução de empresas no comitê de crédito do banco mostrava que algumas companhias, quando se tornavam bem-sucedidas, deixavam de lado justamente as características e a postura que levaram a esse bom desempenho. A preocupação constante com corte de custos, o foco na atividade principal e a dedicação ao cliente são atitudes que não devem ser abandonadas com o crescimento. Defendi essa posição em todas as instituições nas quais trabalhei ou dirigi. Com o Novo, por todas as características que cercam o sistema político, essa atenção deve ser ainda maior. Julgo saudável para qualquer instituição que o receio do fracasso se sobreponha à segurança do sucesso.

Nos primeiros anos de aquisição da Fináustria, enfrentamos problemas decorrentes de duas crises financeiras externas. A crise asiática em 1997 e, na sequência, em parte por conta da anterior, a crise da Rússia em 1998. Ambas afetaram primordialmente as economias emergentes. Esse cenário causou um impacto substancial nos custos dos nossos empréstimos e no aumento da inadimplência em todos os segmentos, em especial no de pessoas físicas.

Mas nossos problemas não eram só externos. Durante o primeiro ano de operação sob a nova gestão, a carteira de crédito cresceu dez vezes, passando de 100 milhões de dólares para

1 bilhão de dólares. Não estávamos, porém, estruturados para essa expansão. A infraestrutura e as demais áreas da empresa, como cobrança, tecnologia e atendimento ao cliente, não haviam se preparado para esse novo patamar.

Uma instituição não dá saltos. O crescimento sustentável de qualquer organização exige uma evolução homogênea de todas as suas áreas, e acredito que esse conceito é integralmente válido para o Novo.

Pensando em novos desafios

Ainda atuando na gestão do banco, aproximei-me da operação da financeira, para avaliar melhor o problema e o que poderia ser feito. Concluímos que deveríamos trocar os dois gestores principais e passamos a procurar candidatos no mercado.

Nessa mesma época, comecei a pensar em sair do banco. Após dez anos de BBA, com uma situação financeira confortável e com a instituição já consolidada, eu gostaria de ter mais independência e partir para outros desafios, e comuniquei essa minha intenção aos acionistas. Meu plano era montar uma empresa de cobrança. Identifiquei, pela nossa operação da financeira, que havia uma demanda crescente para o serviço de recuperação de crédito e poucas instituições estruturadas para executá-lo. Em razão de um longo período de inflação elevada, o mercado brasileiro não estava habituado a conceder empréstimos de prazos mais longos ao consumidor. Mas essa realidade estava mudando. A estabilização econômica proporcionada pelo Plano Real trouxe uma nova perspectiva para o crescimento da oferta de crédito para pessoas físicas.

Durante cerca de um ano, alternei minhas atividades entre a responsabilidade pela área comercial do banco e o auxílio à

Fináustria, enquanto procurávamos um executivo para comandar a operação. Foi um período difícil. A decisão de deixar o BBA não era fácil. Eu tinha uma posição acionária e uma remuneração atraente, além de um ótimo relacionamento com Fernão, Beltran, meus colegas de diretoria e todos os funcionários. Em resumo, era uma situação confortável, porém estava na hora de ter um negócio próprio com mais autonomia e desafios.

No fim, chegamos a um acordo que funcionaria bem para todos: eu deixaria a diretoria do banco e assumiria a posição de presidente da Fináustria, recebendo a mesma remuneração que era oferecida para o executivo que procurávamos. Definimos também que eu teria grande autonomia na gestão da empresa, continuaria com a participação societária no BBA e seguiria fazendo parte das reuniões semanais da diretoria.

Era um passo bastante arriscado. Eu sairia de uma instituição rentável para outra que operava com prejuízo e recebendo bem menos do que no banco. Entendi que, para justificar a mudança e garantir um nível de autonomia satisfatório na financeira, eu deveria ter a opção de comprar uma participação acionária relevante. Trocaria assim um ganho praticamente certo e elevado no curto prazo pela possibilidade, àquela altura ainda remota, de um ganho patrimonial expressivo no futuro. Dentre os riscos profissionais que havia assumido na minha carreira, certamente esse era o maior. A recompensa, portanto, deveria ser proporcional.

Durante as negociações para a mudança, sinalizei a dois executivos do grupo, que comporiam a diretoria comigo na Fináustria, que pediria ao BBA a opção de compra de 28% de participação acionária na financeira. Uma parte dessa opção seria estendida a eles, que ficaram apreensivos, pois avaliaram que o percentual era muito elevado e temiam que minha proposta fosse rejeitada pelos acionistas controladores. Aconselharam-me a pedir no máximo 10%. Eu, por outro lado, estava convencido de que esse era o percentual justo para assumir aquele risco e garantir a autonomia de gestão desejada.

A primeira reação da diretoria foi de surpresa, mas todos sabiam que a empresa estava dando prejuízo e poderia se deteriorar ainda mais. Imagino, porém, que consideraram o meu histórico e aceitaram me vender até 28% das ações da Fináustria. Assim, minha transferência do banco para a financeira estava selada. Rosa, que assim como eu tem espírito empreendedor, apoiou a mudança.

Um novo e desafiador começo

Assumi a presidência da Fináustria no segundo semestre de 1998. Os dois executivos do BBA que atuavam como responsáveis pela empresa voltaram para suas funções administrativas no banco. A saída deles era fundamental para que eu pudesse iniciar as mudanças que julgava necessárias. Em uma organização, é muito difícil realizar transformações profundas se não houver troca de lideranças. O grupo anterior costuma ser refratário a alterações e concentrar suas energias em defender o seu legado. O resultado é um processo lento e ineficiente. Essa mudança na presidência e na diretoria era, portanto, o primeiro passo.

O segundo seria montar um time. Em uma das nossas primeiras reuniões, ainda na fase de transição, preocupado com a alta inadimplência dos contratos de financiamento, Fernão Bracher me perguntou: "João, sua prioridade será cuidar da cobrança, certo?". Ao que eu prontamente respondi: "Não. Minha prioridade será montar a equipe".

Com o consentimento do banco, convidei algumas pessoas a se transferirem para a financeira, porque não queria chegar sozinho. Com um pequeno grupo inicial, teria as bases e a segurança para começar o trabalho. Precisava de alguém para o jurídico, para a área administrativa, para a tecnologia e para a tesouraria. O resto da equipe seria composto das pessoas que já estavam na Fináustria. Conversei individualmente com todos os gerentes e vários agentes comerciais, responsáveis pelo contato com as lojas de venda de automóveis, e analisei os seus resultados. Era preciso conhecer a operação e promover os melhores profissionais.

Ao final de algumas semanas, estava com as pessoas selecionadas e a diretoria definida. A próxima etapa seria transformar o grupo em um time. Estabelecemos um sistema bastante agressivo de remuneração variável. Os salários eram um pouco abaixo da média do mercado, mas os bônus compensariam. Reunimos todos os gerentes em uma sala e apresentamos o orçamento, nossas metas e o sistema de remuneração.

A transparência e o espírito de equipe seriam fundamentais para revertermos a situação deficitária da empresa e termos chance de sucesso. Assim, avisei a todos que poderíamos ter ótimas remunerações, mas, como mostravam os números e a situação da empresa, isso só deveria acontecer dentro de dois anos. A decisão de ficar na empresa nessa situação seria de cada um. Mas salientei: todos os que ficassem precisariam estar motivados e trabalhando com o pensamento de dono. Ninguém saiu.

A etapa seguinte era conhecer ainda mais o negócio de financiamento de automóveis — quem é exatamente o nosso cliente, como funciona o seu processo de escolha de uma financeira, o que ele valoriza mais etc. Tudo isso era primordial para, assim como havíamos feito no BBA, definirmos uma estratégia de atuação e trabalharmos as nossas vantagens competitivas em relação aos concorrentes.

Havia outro desafio interno: criar uma cultura de resultados. Identifiquei que no segmento do varejo, em grande parte das instituições, a premiação da área comercial é baseada no volume de transações realizadas — ou seja, no volume de vendas de um serviço ou produto. Aquilo, para mim, não fazia sentido. A remuneração deveria ser sobre o resultado obtido. De que adiantaria, por exemplo, premiar as pessoas da área comercial por um volume elevado de empréstimos concedidos se, por acaso, parte expressiva deles não fosse paga?

Implementamos, então, a remuneração variável sobre resultado. Considerávamos a margem dos empréstimos, a inadimplência da carteira e outros aspectos. A cada função foi atribuído um percentual do lucro da companhia. Por exemplo, um gerente de filial receberia 2% do lucro da sua unidade, desde que atingisse todas as metas. Se alcançasse apenas uma parte, sua remuneração variável seria proporcional ao que fora obtido. Assim garantíamos que ele se preocupasse com o resultado da empresa. Novamente, ter uma equipe com mentalidade de dono, visão de longo prazo, preocupada com custos e foco na rentabilidade era fundamental para construirmos um negócio sustentável e rentável.

Em determinado momento, resolvemos trocar o mobiliário da sede financeira, que estavam muito velhos, herdados da administração anterior. Apesar de estarmos comprando móveis simples, um dos gerentes se aproximou de mim e disse que havia conversado com os outros e que, por eles, poderiam continuar trabalhando nos antigos. Essa fala me deixou muito feliz: a cultura de economizar e de pensar como dono estava implantada e se disseminava.

Alguns meses depois que eu havia assumido a Fináustria, passamos por um duro desafio. Esse episódio, ocorrido há mais de vinte anos, ilustra bem a insegurança jurídica, a baixa alternância de poder e a alta interferência do Estado na economia. Estávamos no início de 1999, e Fernando Henrique Cardoso cumpria seu segundo mandato como presidente. O Brasil vinha com o câmbio congelado havia algum tempo, com suas reservas em moeda estrangeira em patamares muito baixos. O governo, nos primeiros meses do ano, resolveu mudar o sistema de câmbio, antes denominado de bandas — em que a cotação do dólar em relação ao real oscilava dentro de uma faixa — para o sistema de câmbio flutuante, que vigora até hoje. Como resultado, a cotação do dólar, que se encontrava na faixa de R$ 1,10, se estabilizou em torno de R$ 1,80.

Muitos dos nossos empréstimos para os compradores de veículos, feitos na forma de leasing, eram indexados ao dólar. A taxa de juros nessa modalidade era mais baixa, o que explicava a escolha por parte do consumidor. Com esse movimento abrupto de oscilação, as dívidas dos clientes deram um salto, houve um crescimento da inadimplência e, o pior, o então ministro da Justiça, Renan Calheiros, responsável pelas áreas de Defesa do Consumidor e Direito Econômico, determinou que as dívidas em dólar seriam pagas a uma taxa de R$ 1,21.

Dessa forma, recebíamos R$ 1,21 por dólar e pagávamos, para quem havia nos emprestado, pela taxa em vigor do dia (que, nesse período, oscilou entre R$ 1,30 e R$ 2,07). Em dois meses, tivemos um prejuízo equivalente a 10 milhões de dólares. Lembro-me do Marco Parizotto, meu amigo, me ligar depois de ler a notícia em um jornal: "Estou com dó de você". Era de fato um momento de grande preocupação e um obstáculo na nossa tentativa de reverter os prejuízos da empresa.

Uma das estratégias que implementamos diante de situações difíceis como essa era definir uma equipe específica para lidar com a questão. Nesse caso, por exemplo, o grupo ficou responsável por renegociações de dívidas, atuação jurídica, recuperação de veículos e suporte aos clientes inadimplentes. O restante da equipe continuaria cuidando do dia a dia da operação. Não podíamos deixar um problema conjuntural atrapalhar a rotina da empresa e a qualidade do atendimento. O objetivo era lidar com o assunto de forma rápida e eficiente, com o menor impacto possível para a rotina da operação. Acredito que seria muito bom se adotássemos uma linha semelhante na gestão do País: estabelecer um time para apagar os incêndios e resolver problemas decorrentes de decisões erradas e outro para implementar um roteiro inovador, que nos colocasse entre as principais nações do mundo.

Os cinco meses iniciais na Fináustria foram de estudo e planejamento para melhorar o negócio. Trocamos muita gente, e reduzimos 60% da equipe. Criamos reuniões regulares com os times para compartilhar os resultados e debater expectativas. Assim, os propósitos ficariam alinhados.

Uma das nossas principais decisões foi manter um único produto: o financiamento de automóveis. Havia uma operação de crédito pessoal que chegamos a tentar melhorar, mas desistimos — era uma estrutura muito mais cara, exigia que tivéssemos lojas de rua onde os clientes faziam o cadastro para concessão de crédito. No financiamento de veículos, os operadores trabalhavam nas lojas de venda e compra de carros, onde captavam os clientes. Fechamos todas as filiais de rua e encerramos o crédito pessoal. Era arriscado ter apenas um produto, mas sempre acreditei que o foco é essencial para o sucesso. Com essa medida, reduzimos o nosso custo, ganhamos agilidade e passamos a ter dedicação integral a um segmento.

Com um time preparado, motivado e em sintonia, a etapa seguinte era a melhoria dos processos, visando tornar a operação mais barata e eficiente para nos diferenciar no mercado. O primeiro conceito importante foi entendermos que o principal cliente da financeira era a loja de automóveis, e depois o consumidor final. Identificamos que uma resposta rápida para as consultas de crédito era uma vantagem competitiva importante para as financeiras que atuavam no setor. A venda do veículo muitas vezes dependia da resposta sobre a aprovação do crédito enquanto o potencial cliente ainda estava negociando com o vendedor.

A mudança na forma de recebimento das informações vindas das lojas é um bom exemplo da revisão de processo. Os vendedores preenchiam um formulário à mão e nos enviavam por fax com os dados dos compradores para a nossa avaliação. Ao receber, precisávamos digitar as informações no computador para fazermos as pesquisas e análises sobre o proponente e definirmos o crédito. O processo era ineficiente e lento, e muitas informações vinham incompletas ou ilegíveis. Precisávamos entrar em contato com o vendedor para decifrar o que havia sido escrito e completar o formulário.

Era o início do boom das empresas de internet, então chamadas pontocom. Com a finalidade de melhorar o processo, adquirimos uma plataforma on-line na qual o lojista tinha acesso a um enorme banco de dados com o estoque de carros à venda, onde poderia anunciar os seus e nos enviar os formulários dos clientes que solicitavam os empréstimos. O uso de computadores, porém, ainda não era tão comum naquela época, e muitas lojas mantinham o processo manual. Para estimular o uso da tecnologia, criamos um sistema de pontuação, como um programa de milhagens, para as lojas parceiras. Aquelas que realizassem grande quantidade de financiamentos ganhavam um computador.

Com isso, reduzimos nosso custo, pois deixamos de usar papel, já que os dados caíam diretamente no sistema e não havia a necessidade de ter alguém para digitar, diminuindo o índice de erros. A avaliação do crédito também ficou mais rápida. Ainda na loja, o comprador já tinha a resposta se o financiamento havia sido aprovado. Foram inovações que nos tornaram mais competitivos e valorizaram a empresa.

Ao final de doze meses da nova gestão, os resultados já estavam positivos. Operávamos em vários estados, com um nome já reconhecido, e no ano seguinte entramos na lista de Melhores Empresas para Trabalhar da revista *Exame*, então referência no Brasil. Recebemos cinco estrelas, a pontuação máxima, no ranking de remuneração.

Eu estava muito satisfeito com o que tínhamos alcançado. Em um mercado extremamente competitivo e que não conhecíamos, mas com muito trabalho e com uma forte cultura institucional, conseguimos reerguer a companhia. A direção da empresa era dividida com o Moisés Jardim e o Marco Antônio de Oliveira, ambos oriundos do BBA, e nós três tínhamos um ótimo relacionamento e visões parecidas. Assim como eu, eles adquiriram uma participação acionária na Fináustria. Além dos dois, cerca de outros 25 funcionários também se tornaram sócios, comprando participações que eu vendi nas mesmas condições em que havia adquirido do BBA.

Defendo que as pessoas que se destacam na empresa em que trabalham possam se tornar sócias. Do ponto de vista da instituição, é muito positivo: alinhamos os interesses, os executivos pensam na perpetuidade do negócio e, com parte do seu patrimônio investido na empresa, sua dedicação a ela passa a ser ainda maior. Pelo lado do funcionário, é uma oportunidade de ter uma rentabilidade melhor sobre os seus recursos e o prazer de trabalhar para si mesmo.

A venda

Logo no primeiro momento, eu havia adquirido uma participação de 20% do capital da Fináustria, que consegui comprar com os recursos que tinha disponíveis. Sabia que era um risco, pois a empresa ainda apresentava uma situação frágil e deficitária, mas, se os resultados melhorassem, as parcelas que eu viesse a adquirir futuramente custariam mais caro. O meu acerto com o banco previa que o preço para a compra da participação na Fináustria seria determinado pelo valor patrimonial atualizado. Assim, se os lucros aumentassem, o patrimônio seria maior, e a aquisição se tornaria mais dispendiosa. Nesse caso, o resultado positivo do meu trabalho iria contra o meu interesse patrimonial.

Eu sabia que em algum momento o BBA poderia vender a financeira, pois esse não era o seu negócio principal. Mas nunca me preocupei com isso. Meu raciocínio sempre foi que não devemos administrar um negócio pensando na sua venda, mas sim como se nunca fosse ser vendido. Entretanto, devemos trabalhar diariamente para que ele esteja pronto para ser comprado a qualquer momento. Dessa forma, acredito, mantemos a visão de longo prazo no gerenciamento do negócio ao mesmo tempo que damos um senso de urgência a todas as melhorias que devem ser implementadas.

Em 2001, o Itaú procurou o BBA para algum tipo de parceria, mas a conversa não evoluiu. Nessa época, surgiram especulações sobre a permanência ou não do sócio estrangeiro, o Creditanstalt. O parceiro austríaco do banco havia sido comprado pelo Bank Austria e depois incorporado pelo HVB, um banco alemão com atuação centrada na Europa. A partir daquele momento ficou evidente que o Brasil deixava de ser um investimento estratégico para o banco europeu. As conversas entre os sócios do BBA e o Itaú continuaram a ocorrer, entre idas e vindas, durante quase um ano.

Na mesma época, fui procurado pelo HSBC, que era um dos maiores bancos do mundo e estava interessado em adquirir a financeira. Com o consentimento do BBA, iniciei as conversas. Eles logo sinalizaram três condições para a realização da transação:

adquirir 100% do capital da empresa, realizar uma auditoria previamente ao fechamento do negócio e ser o comprador exclusivo, ou seja, não participariam de leilão. Relatei a proposta durante um jantar em família e Ana Luiza, então com onze anos, ao terminar de ouvir, fez o seguinte comentário: "Pai, se eles não querem participar de leilão, terão que dar um preço alto". Sua observação era perfeita. Não foi o que aconteceu nas conversas iniciais sobre o valor do negócio, e encerramos as tratativas.

Nesse momento, as conversas do BBA com o Itaú começaram a evoluir de forma mais consistente, mas sempre sigilosas e restritas a um grupo muito reduzido de executivos dos dois lados. Por causa das atividades que exercem, as instituições financeiras são muito sensíveis a notícias de venda ou fusão. Era importante que a divulgação só acontecesse quando o negócio estivesse de fato concluído. O Itaú tinha interesse na plataforma de atendimento a grandes empresas do BBA e começou também a avaliar outros negócios do banco, em especial a Fináustria. A financeira do Itaú atuava no mesmo segmento, e a aquisição traria para eles um ganho relevante de escala na operação.

A equipe do Itaú encarregada de fazer a avaliação da Fináustria se surpreendeu ao ter acesso aos nossos números. Inicialmente constatou que nossa margem bruta, a diferença entre o custo do recurso emprestado e o custo de captação, era maior do que a deles — ou seja, tínhamos uma receita bruta maior. Logo imaginaram que estaríamos correndo um risco mais elevado e com perdas maiores. Entretanto, quando se debruçaram sobre os nossos índices de inadimplência e perda final, constataram que também nesse quesito nosso desempenho era melhor. Em alguns aspectos operacionais, como a produtividade por operador, nossos indicadores também eram superiores. O resultado foi que a Fináustria, que possuía um patrimônio líquido de 210 milhões de reais, foi avaliada pelo Itaú em aproximadamente 800 milhões.

No fim, obtive um empréstimo para comprar os cerca de 5%, do total de 28% a que tinha direito e que ainda não havia adquirido e vendi, nessa mesma época, uma parte para alguns funcionários. Eles não sabiam, mas estavam comprando por X algo que em poucos meses revenderiam por 4X, mas era justo. Afinal, cada um deles contribuiu para que a empresa alcançasse aquele valor.

Na madrugada do dia 5 de novembro de 2002, na sede do escritório Pinheiro Neto Advogados, o Itaú assinou dois contratos: um com os sócios majoritários do BBA, efetuando a compra de 96% das ações do banco, e outro comigo, em que adquiria os 28% das ações da Fináustria detidas por mim e pelos demais executivos. Ao assinar o contrato, Roberto Setúbal, presidente do Itaú, virou-se para mim e comentou: "João, agora você vai poder fazer triatlo em vários lugares do mundo". Eu estava com quarenta anos e me sentia realizado profissional e financeiramente. Naquele momento, não fazia a menor ideia de que ainda enfrentaria grandes desafios nos anos seguintes, alguns indesejados e outros por opção.

Anos depois, encontrei por acaso um consultor que conhecera na época da Fináustria e que prestava serviços ao Itaú. As equipes do Itaú e da Fináustria já estavam integradas, e ele comentou que sabia identificar claramente os profissionais oriundos de cada uma. Os da Fináustria estavam sempre preocupados com a rentabilidade, como se fossem os donos. Foi muito bom ouvir isso. Confirmou a sensação de dever cumprido. Em quatro anos, conseguimos reestruturar a empresa, diferenciá-la, formar uma cultura, criar um ambiente de trabalho agradável e produtivo e premiar todos os responsáveis.

9.
E agora, o que fazer?

DEPOIS DE VENDER A FINÁUSTRIA, Fernão Bracher me convidou para retornar ao banco, agora sob o controle do Itaú, mas declinei. Voltei a pensar em montar um negócio próprio, mas queria ter um tempo para refletir e sabia que o ótimo resultado obtido na Fináustria não era uma garantia de que seria bem-sucedido novamente — ao contrário, aumentaria minha autocobrança.

Beto Sicupira, então presidente do conselho das Lojas Americanas e que no futuro viria a ser um dos sócios de empresas como AB Inbev, Kraft-Heinz e Burger King, me procurou. Ele estava pensando em montar uma financeira. Conversamos algumas vezes, mas resolvi esperar. Minha experiência no banco havia sido muito intensa, e senti que ainda não era o momento de montar um novo empreendimento.

Nessa época, dois sócios que haviam acabado de vender a Companhia São Paulo de Petróleo, uma rede de postos de combustíveis, entraram em contato comigo. Já nos conhecíamos, pois o BBA Creditanstalt fora sócio deles na companhia, e eu era o representante do banco no conselho de administração. Decidimos montar juntos um escritório para administração financeira dos nossos recursos. Dividiríamos os custos e compartilharíamos as ideias. Estabeleci uma relação de amizade mais profunda com o Fabio Ribeiro, filho de um dos donos, que participava junto comigo do dia a dia da gestão no novo escritório.

Nesse período, avaliei alguns negócios, como a montagem de uma nova financeira para atuar no segmento de automóveis e a compra de um pequeno banco especializado no setor de garantias bancárias. Nos dois casos, julguei que o risco não compensava o investimento. O mercado financeiro começava um processo de concentração, e eu acreditava que as instituições menores iriam sofrer nesse cenário. Infelizmente, no Brasil dos últimos anos o crescimento do Estado e da burocracia tornou o ambiente inóspito para o pequeno e médio empreendedor. O resultado é uma menor concorrência em vários setores e custos mais elevados para o consumidor. O setor financeiro é um exemplo.

No início do ano seguinte, em 2004, por indicação do Candido Bracher, recebi um convite do presidente do conselho de administração do Unibanco, Pedro Moreira Salles, para ingressar no banco. Ele pretendia promover uma reestruturação na instituição, assumiria a presidência e gostaria que eu assumisse a vice-presidência responsável pela área de atacado, mercado de capitais e tesouraria. Eu estava muito reticente em retornar a uma instituição de grande porte, porque não teria a mesma flexibilidade e autonomia que havia experimentado na Fináustria. No fim, acabei aceitando. O desafio de realizar um processo de mudança e o fato de ter tido muita empatia com o Pedro foram preponderantes para a minha decisão. Atuei como executivo do Unibanco durante pouco mais de doze meses, trabalhando em uma reestruturação interna para dar mais agilidade ao banco, reduzindo níveis hierárquicos e buscando aumentar a proximidade com o cliente. Ao término desse período, passei a integrar o conselho de administração do banco, no qual permaneci até a sua fusão com o Itaú, ao final de 2008, e que representou uma vivência muito rica pela experiência dos seus membros.

O retorno para o Rio

Quando deixei a posição de executivo no Unibanco, apesar de termos uma vida bem estabelecida em São Paulo, com vários amigos e uma casa agradável, Rosa começou a pensar em voltar para o Rio de Janeiro. Ela nasceu em Mato Grosso do Sul e estudou no Rio, gostava de sol, do mar e do estilo de vida carioca, assim como eu. Era 2005, e já morávamos em São Paulo havia quase dezesseis anos. Imaginávamos que a mudança traria para as nossas filhas novos desafios, novas amizades e uma maior proximidade com a minha família. Acho que, no fundo, Rosa sempre quis retornar ao Rio, e para ela esse momento havia chegado.

Quando decidimos nos mudar, Rosa prometeu às meninas que se ao final de seis meses elas não estivessem adaptadas voltaríamos para São Paulo. Durante esse período, fiquei na ponte aérea e mantivemos a casa na capital paulista.

Passados seis meses, Rosa, Ana Luiza, Maria Fernanda e Mariana já estavam bem ambientadas. Vendemos nossa casa de São Paulo e voltei definitivamente para o Rio. No ano seguinte, em 2006, decidi tirar um ano sabático e resolvemos passar esse período morando em San Diego, na Califórnia. O clima da cidade, a qualidade de vida e a facilidade para a prática de esportes, em especial o triatlo, influenciaram a nossa escolha. Apesar de gostarem dos desafios, as meninas estavam reticentes com a nova mudança, mas eu e Rosa estávamos certos de que seria uma experiência positiva para a família, em especial para elas.

Chegando lá, matriculamos as três em escolas públicas — Ana Luiza e Maria Fernanda na La Jolla High School e Mariana na Muirlands Middle School. Apesar do receio inicial, as meninas rapidamente se adaptaram, e o ano que passamos lá contribuiu muito para a formação delas, com a convivência em outra cultura, o aperfeiçoamento do inglês e as novas amizades. Em casa, a família ficou ainda mais próxima e unida, e eu mantive uma rotina de viagens mensais ao Brasil para participar das reuniões do conselho de administração do Unibanco.

Ao final de doze meses, em meados de 2007, retornamos ao Brasil e fixamos nossa residência no Rio de Janeiro. Voltei a dividir o escritório em São Paulo com o Fabio Ribeiro e alternava minha semana entre as duas cidades.

Embrião do partido

Estávamos no início de 2008, eu continuava no conselho de administração do Unibanco, mas muito incomodado com a gestão pública da minha cidade, do estado do Rio de Janeiro e do País. Não era razoável pagarmos tantos impostos e presenciarmos, nos sinais de rua, crianças que deveriam estar na escola pedindo esmola. Ainda hoje, apenas 7% dos jovens que ingressam na escola pública completam o ensino fundamental com noções básicas de matemática. Que futuro pode ter um país em que boa parte das crianças não tem uma formação básica adequada? Eu queria contribuir de alguma forma que fosse realmente efetiva para reverter essa situação.

Admiro as pessoas que, com boas intenções, participam de ONGS e instituições de assistência social. São ações que podem servir de exemplo, mas exigem um esforço constante para a obtenção de recursos e, infelizmente, na grande maioria das vezes, têm alcance e resultados limitados.

Acredito que a mudança necessária deve vir por intermédio de uma gestão pública mais eficiente. Os recursos já estão lá, e a escala e o impacto seriam muito maiores. Eu não cogitava entrar na política, e alimentava o desejo de contribuir com o que sabia fazer: gestão e motivação de equipe, definição de prioridades, otimização de recursos e entrega de resultados. Enfim, basicamente tudo de que, como cidadão, sinto falta na administração pública.

Em 2008, jantando em São Paulo com um amigo com quem estudara no Santo Inácio, expus minha vontade de levar práticas e conceitos da vida privada para a pública. Resolvemos ajudar na campanha de Fernando Gabeira, que seria candidato a prefeito pelo Partido Verde no Rio de Janeiro. Decidi me aproximar, participando de algumas reuniões, e ao constatar a integridade de Gabeira, fiquei bastante animado. "Vamos tentar ajudar a eleger gente séria para a política", pensei.

Nessa mesma época, correndo na Vista Chinesa, um mirante localizado na Zona Sul carioca, cruzei com Beto Sicupira. Fomos conversando ao longo do caminho, eu correndo e ele pedalando. Contei que estava trabalhando na campanha do Gabeira e o chamei para participar. Ele disse que não gostava de ajudar candidatos em eleição. Preferia levar um plano para alguém já eleito executar: "Se ele topar, eu ajudo". E me contou que estava fazendo isso com o então governador Sérgio Cabral, do PMDB, no estado do Rio de Janeiro. Os dois teriam uma reunião em duas semanas, e ele me convidou a participar e conhecer o que estava sendo feito.

Havia um grupo de cerca de trinta empresários auxiliando o governo a melhorar a eficiência da gestão. Eles haviam contratado a consultoria Falconi para assessorar a gestão em determinadas áreas. O serviço era prestado para o governo do Rio de Janeiro, mas os custos eram cobertos com a doação de empresários. Participei de algumas reuniões, nas quais os membros do governo e da consultoria apresentavam os resultados obtidos. Acabei por realizar uma doação financeira para ajudar no custeio desse projeto.

Os maiores avanços nessa época foram na área da segurança, com a implantação das Unidades de Polícia Pacificadora (UPPS), e a retomada pelo poder público de algumas comunidades, até então dominadas por grupos criminosos. Infelizmente, as conquistas do estado nessa área não se mostraram duradouras.

Em paralelo, continuei auxiliando a campanha do Gabeira, que foi para o segundo turno, mas acabou perdendo para Eduardo Paes, do PMDB. Em novembro de 2008, logo depois de eleito, Paes me convidou para ser secretário da Fazenda de seu governo. Como carioca e morador, eu tinha muita vontade de ajudar a cidade. Ele me pediu sigilo, porque estava viajando e ainda não atuava oficialmente. Estava apenas se preparando. Respondi que pensaria.

Aceitei o convite e mandei um e-mail dizendo que seria importante sermos ambiciosos e realizarmos uma gestão inovadora. Sugeri que as secretarias atuassem de forma integrada, definindo juntas a estratégia, as prioridades e o andamento dos projetos, respeitando a definição final do prefeito. A partir daquele momento, mesmo sem ter sido oficializado, já queria me lançar ao trabalho.

Estudei o organograma da prefeitura e fiquei impressionado com a quantidade de empresas que existiam só para prestar serviços à própria gestão municipal e contavam com uma estrutura completa, com várias diretorias, quando deveriam ser apenas departamentos, com custos e estruturas muito menores. Pensei de imediato em quanta economia pode ser feita com o dinheiro do cidadão.

Soube que haveria uma discussão na Câmara de Vereadores, aberta ao público, sobre o orçamento do ano seguinte, e informei a Paes que seria importante que eu acompanhasse. Ele insistiu para que eu não fosse, mas compareci assim mesmo. Eu não era uma figura pública, não havia sido ainda anunciado como secretário e, sentado na tribuna, assisti ao debate dos vereadores como um cidadão comum. Se de fato viesse a ser o secretário de Fazenda do município, precisaria conhecer em detalhes o orçamento. Solicitei também a ele alguns relatórios de auditoria da Companhia Municipal de Limpeza Urbana (Comlurb) e de outras empresas. Queria saber o que me aguardava. Mas o meu diálogo com Paes, antes mesmo de qualquer anúncio oficial, não estava fluindo bem.

Liguei para Fabio Ribeiro, meu amigo e então sócio, e perguntei o que ele achava que eu devia fazer. "João, pula fora, porque você não vai conseguir fazer nada e ainda pode se queimar." Liguei para o prefeito eleito, agradeci o convite e declinei.

Independentemente dessa aproximação com a prefeitura, a implementação de projetos no governo estadual com a assessoria da Falconi continuava em curso, e o governo de Sérgio Cabral estava bem avaliado. No início de 2009, recebi uma ligação do assessor de Cabral, Paulo Magalhães Pinto, que me convidou para um almoço com o governador e com o secretário da Casa Civil, Régis Fichtner. Havia uma expectativa do grupo de empresários que apoiavam a consultoria Falconi de que a implementação dos projetos em andamento pudesse ser mais rápida com o auxílio de alguém com perfil executivo.

O encontro foi no Palácio Laranjeiras, a residência oficial do governador, que Cabral usava como escritório. Durante o almoço, falamos superficialmente dos projetos que estavam em estudo pelo governo, mas nada muito definido, e os objetivos eram todos muito vagos. Quando estávamos terminando, chegou um empreiteiro que acompanharia Cabral na inauguração de uma obra. O governador aproveitou para cobrar dele uma explicação sobre a pavimentação ruim nos túneis da estrada que liga o Rio de Janeiro a Angra dos Reis, cuja manutenção estava a cargo da empreiteira. "Fernando, outro dia fui levar o Lula para Mangaratiba e não conseguimos ir de helicóptero por causa do tempo ruim. O asfalto dos túneis está horrível e sofremos com os buracos."

Chamou minha atenção que a preocupação com os milhares de brasileiros que utilizam a estrada diariamente não existia. O problema, para o governador, era a viagem que fez com Lula, na época presidente da República. Esse é um exemplo da inversão que temos na nossa sociedade. Os políticos que deveriam ser eleitos para trabalhar para o cidadão, pois são pagos por ele, se consideram uma casta de privilegiados e esperam que a população continue trabalhando para eles.

Não gostei do encontro. Quando o assessor do governador me ligou para dar prosseguimento às conversas, agradeci e respondi que não era o momento de participar. Nos vinte anos anteriores, havia trabalhado com pessoas com as quais tenho uma grande identificação de princípios e valores. Pessoas sérias e de caráter inquestionável, como Beltran Martinez, Candido e Fernão Bracher e Pedro Moreira Salles. Nem de longe identifiquei esses atributos nos indivíduos presentes naquele encontro. Minha sensibilidade se revelou acertada: sete anos depois, todos os presentes naquele almoço foram investigados, condenados ou presos por corrupção na Operação Lava Jato.

Naquele dia, deixei o Palácio Laranjeiras com uma certeza: para melhorar a vida dos brasileiros, deveríamos mudar a forma de fazer e pensar a política. Precisaríamos de novos líderes, com novas práticas, novos conceitos, e uma mudança cultural que colocasse a participação política na agenda dos brasileiros.

Após o almoço com Sérgio Cabral, liguei para o Beto Sicupira para falar sobre o encontro. Informei a ele a minha conclusão:

"Acho que só vamos dar uma contribuição efetiva para o País se alguns de nós tivermos coragem de ir para a área pública". A minha tese era a de que não adiantava levar bons secretários para um governante ruim, pois eles permaneceriam por pouco tempo ou acabariam cedendo e se moldando às demandas do chefe. Era preciso atrair novos líderes com princípios, valores e capacidade para realizar uma gestão de excelência. Como isso se faz por intermédio de um processo eleitoral, não havia alternativa: a montagem de um partido político inovador seria a solução adequada.

Surgia ali o embrião do Partido Novo, mas a ideia teve que esperar um pouco para sair do papel.

10.
Não era só uma sinusite

NÃO ME LEMBRO DE QUANDO TIVE os primeiros sintomas de sinusite na vida, mas a partir de determinado momento eles passaram a ser mais frequentes. Recordo-me de recorrer, por recomendação médica, a antibióticos pelo menos duas vezes por ano. Era algo que me atrapalhava muito no dia a dia, mas sempre o atribuí ao clima de São Paulo ou a alguma baixa de resistência decorrente da intensidade dos treinos e do trabalho. Cheguei a fazer um tratamento para melhorar minha imunidade em 2004, quando estava no Unibanco. Levava as seringas e as ampolas com o medicamento em um pequeno isopor, e o responsável pelo posto médico do banco realizava as aplicações. Porém, o alívio era sempre temporário. Em 2007, por exemplo, quase deixei de participar do Ironman em Florianópolis. No dia anterior à prova, estava com uma dor de cabeça intensa e quase desisti. Acordei um pouco melhor e completei o percurso das três modalidades em onze horas e nove minutos. Fiquei satisfeito com meu desempenho, considerando que estava com a saúde abalada. Só não imaginava que seria meu último Ironman.

Em 2009, as intercorrências foram mais frequentes, e, no decorrer do ano, me consultei com diversos otorrinolaringologistas na esperança de que algum me curasse. Um fato curioso é que dois deles me perguntaram se eu fazia uso de drogas. Nunca usei entorpecentes e não entendia o porquê do questionamento. Finalmente, um dos médicos me explicou que o estado da minha mucosa nasal se assemelhava à de usuários frequentes.

Em dezembro daquele ano, retornei a um médico que me acompanhava havia bastante tempo em São Paulo. Comentei que os sintomas da sinusite tinham voltado. Ele achou estranho, pois pouco mais de um mês antes havia me receitado uma medicação forte que melhorara meu quadro. Ao examinar minhas vias nasais, constatou uma lesão e disse que precisaria fazer uma análise laboratorial do tecido. A coleta foi feita ali mesmo, com o médico puxando com uma pinça um pedaço de tecido interno de uma região ultrassensível dentro da minha cavidade nasal. Senti uma dor indescritível. Sangrou um pouco, ele passou uma pomada anestésica e fez um curativo. Terminou a consulta dizendo para eu não me preocupar, que não devia ser nada. Ele mandaria o material para biópsia e me ligaria depois. Saí confiante de que não era um problema grave. E nem me preocupei com o resultado. Mas tomei a decisão de me consultar com outro especialista.

O novo médico ficou responsável por acompanhar o resultado da biópsia e me receitou antibiótico e corticoide, o mesmo padrão de sempre. Viajei com a família em janeiro de 2010 para as Maldivas, e queria estar bem para poder mergulhar de cilindro. Ainda na viagem, recebi uma ligação desse último otorrino, que estava tentando falar comigo havia algum tempo. Eu não tinha avisado que estaria fora do País, com pouco acesso ao telefone. Ele explicou que eu precisava marcar um retorno, pois fora detectada uma doença autoimune. Não me pareceu algo urgente. Marquei a consulta para uma semana depois da volta. Após o retorno da viagem, já em fevereiro, voei para São Paulo, onde ficaria alguns dias, como era normal, e aproveitei para ir à consulta. Como imaginava que seria mais um dos inúmeros retornos, fui sozinho. O médico chamou um colega e juntos eles examinaram a minha cavidade nasal. Não entendi muito aquele procedimento. Ele estava com meus exames sobre a mesa, e disse apenas o que eu já sabia, que eu tinha algo no nariz, e complementou: "Olha, João, você tem uma doença autoimune. Eu marquei outro médico para você. O consultório dele fica aqui em frente, é só atravessar a rua. Está aqui o resultado da sua biópsia".

Fiquei extremamente incomodado com o que aconteceu na consulta e saí sem saber qual era o diagnóstico da biópsia. Estava confuso, não sabia bem o que pensar, mas fiz o que ele mandou. Atravessei a rua, fui para a sala de espera desse outro médico e aguardei. Enquanto esperava havia quase uma hora para ser atendido, abri o envelope e comecei a ler o resultado. O laudo era longo, com algumas páginas, e obviamente repleto de termos que eu desconhecia, mas cheguei a uma parte em que estava escrito "Linfoma nasal de células NK/T". Não sabia o que eram essas células, mas sabia o que era um linfoma. Foi o suficiente para me preocupar.

Na consulta, o novo médico me explicou que o linfoma é uma doença do sistema linfático, o principal mecanismo de defesa do organismo, que engloba várias áreas do corpo. Eu tinha um tumor no nariz, mas poderia ter em outras regiões. Precisaria investigar qual era o estágio da minha doença. Deveria realizar um PET-CT — uma tomografia que detecta tumores no corpo inteiro. Ele agendou o exame para o dia seguinte. Parecia que não havia tempo a perder, mas eu ainda não tinha a verdadeira noção do que estava acontecendo.

Ao sair de lá, no início da noite, liguei para Rosa no Rio. Expliquei o que sabia e o que conseguia processar. Ela ficou preocupada e disse que viria para São Paulo no primeiro voo do dia seguinte. No avião, encontrou um amigo nosso, que perguntou a ela o que iria fazer em São Paulo voando tão cedo. Sem entrar em detalhes, Rosa contou que iria me acompanhar em alguns exames. Ele brincou: "Se o João, com a saúde que tem, tiver algum problema, estou morto!". Por praticar esportes com tanto afinco e dedicação, ninguém acreditava que eu poderia ter uma doença tão séria. Eu mesmo não acreditava. Com minha rotina de hábitos saudáveis e sem histórico na família, pensava que nunca me aconteceria algo assim. Mas cheguei à conclusão de que não existe um critério objetivo para ser acometido por um câncer. Você só tem e pronto.

Não chego ao Ano-Novo

Tudo aquilo ainda não fazia sentido para mim e tentei me preparar. Ao chegar em casa, liguei para o dr. Roberto Kalil Filho, diretor-geral do centro de cardiologia do Hospital Sírio--Libanês. Meu pai havia ficado internado vários dias lá em 2009, e Kalil coordenava a equipe que o tratara. Construímos um relacionamento bem próximo. Expliquei todo o ocorrido, e ele me mandou encontrá-lo no hospital às oito da manhã do dia seguinte.

Comecei a pesquisar sobre a doença na internet e fui ficando muito abatido. Li em sites seguros, de instituições reconhecidas pelo tratamento de câncer, que a chance de cura era de 30% e o prazo médio de vida era de sete meses. Estávamos em fevereiro, e calculei que eu não chegaria ao Ano-Novo de 2010. Passei aquela noite em claro.

Naquele momento, tudo sumiu da minha mente. Todos os planos e o que eu ainda sonhava em construir desapareceram. Só pensava na minha família. Angustiava-me imaginar que não acompanharia o desenvolvimento das minhas filhas. Elas se formariam na faculdade, conseguiriam o primeiro emprego, se casariam e teriam filhos, e eu não estaria presente em nenhum desses momentos. Perderia o convívio com elas muito cedo. Deixei a razão de lado e chorei. Sentia-me como se estivesse correndo dez maratonas ao mesmo tempo.

No dia seguinte, conforme combinado, encontrei-me com o dr. Kalil, que providenciou minha internação e me apresentou à dra. Yana Novis, médica do centro de oncologia do hospital, responsável pelo tratamento de linfomas. Rosa chegou logo na sequência.

Yana esclareceu muitas das minhas dúvidas sobre a doença. Explicou-me que eu tinha um linfoma raro e muito agressivo, cujo tratamento seria bastante desgastante. Ela havia tratado recentemente e com sucesso a ex-presidente Dilma Rousseff no Sírio-Libanês. Perguntei-lhe se o meu linfoma era semelhante. Saber que uma pessoa estava curada da mesma doença iria me trazer algum alívio. "Não. O da Dilma era um linfoma tipo B, que é mais comum e já tem um protocolo padrão de tratamento. O seu é mais raro, ainda não existe um protocolo consolidado, portanto a chance de cura é menor."

Ela me explicou que o nosso organismo possui células de defesa para o combate de infecções, que funcionam como um exército protetor. O problema surge quando, por algum motivo, essas células sofrem algum tipo de mutação e passam a atacar o próprio organismo, criando o tumor. Esse exército de defesa tem uma hierarquia, com soldados e generais, que conseguem mobilizar um ataque maior. No meu caso, as células que sofreram a mutação eram justamente esses generais. As notícias só pioravam.

Ainda atordoado com a situação, eu tentava pôr alguma ordem no meu raciocínio e organizar as próximas etapas. Queria saber quais eram as minhas chances, como seriam o tratamento e o cronograma. As primeiras providências eram fazer o PET-CT e enviar o material coletado para uma nova biópsia. Todos queriam ter certeza do diagnóstico. Rosa não se conformava. O pai dela, médico radiologista já falecido, sempre dizia que biópsias de partes moles eram inconclusivas. Ela, ao contrário de mim, ainda mantinha uma esperança de que havia um erro no meu diagnóstico. Além de não ser um linfoma comum, acometia mais frequentemente pessoas de origem asiática.

Antes de fazer o PET-CT, o médico me explicou que há quatro estágios do linfoma. Começa com o câncer localizado somente em uma região do linfonodo, responsável por produzir anticorpos. Com o tempo, ele vai se expandindo para outras áreas até atingir o quadro de metástase, na qual outros órgãos são comprometidos. O exame iria justamente detectar em qual estágio meu linfoma estava. Recebi a injeção do contraste e me deitei na maca da tomografia. Estava nervoso, com medo de que o câncer estivesse em outros lugares além do nariz. Durante o exame, a maca movia-se para a frente e para trás e, de vez em quando, parava para a captura das imagens. Nesses momentos, eu ouvia um barulho de "tac-tac-tac". É angustiante ficar lá dentro, fechado dentro do tubo, sem saber o que os médicos estão vendo, imaginando qual será o resultado.

Para reduzir minha ansiedade, pensei em uma forma de receber um sinal divino. Sou católico, frequento a Igreja e acredito em Deus. Escolhi um número de forma aleatória e defini uma regra. Contaria até 72, que foi o número que me veio à cabeça. Se a maca se mexesse quando eu chegasse a ele, seria porque

Deus estava me enviando um aviso de que o linfoma se encontrava no estágio inicial e que eu poderia me tranquilizar. Comecei a contar pausadamente, em silêncio, um, dois, três... ouvindo o tac-tac-tac da máquina. Estava receoso, e ponderei comigo mesmo: "Bom, mas se mexer entre o 68 e o 75 também vale, não preciso de tanta exatidão nesse momento". Pois foi exatamente no instante em que cheguei ao 72 que a maca se moveu. Parecia que minha contagem tinha apertado o botão de comando.

No fim do dia, recebi o laudo do PET-CT que informava que o linfoma ainda estava no estágio inicial, apenas na cavidade nasal. Finalmente as notícias haviam parado de piorar. Eu começaria a quimioterapia no dia seguinte, com a equipe da dra. Yana, e depois faria a radioterapia.

Mudança de planos

Logo no primeiro dia de internação, Ana Luiza, Maria Fernanda e Mariana voaram do Rio para São Paulo para me visitar. As três chegaram com uma energia muito boa e confiantes de que eu iria me curar. Levaram uma cesta enorme com várias fotos nossas e cartões com frases como "Pai, você vai ficar bem", "Você vai sair dessa", "Estamos sempre juntos", "É só uma fase", "Amamos você". Cada uma me entregou uma pequena carta com fotos nossas, que desde então mantenho na minha mochila e levo para todo lugar aonde vou. Foi um momento marcante. Eu estava habituado a ser forte e dominar as situações. Naquela ocasião, entretanto, a força vinha delas.

Na família, minha irmã Cecilia foi a primeira a saber. Liguei para ela do hospital, antes de começar o tratamento. Ela ficou assustada e contou para minha mãe. As duas pegaram um avião e foram para São Paulo.

Pouco antes da primeira sessão de quimioterapia, o roteiro mudou. A equipe da dra. Yana veio até o quarto me informar que começaríamos pela radioterapia, seguindo um protocolo coreano que acabara de ser publicado, no final de 2009. Fiquei inseguro com a mudança tão repentina. Conversei com o dr. Kalil e com a dra. Yana e chegamos juntos à conclusão de que seria bom ouvir uma segunda opinião. Cecilia também havia sugerido isso. A experiência com o meu tipo de linfoma no Brasil ainda era muito pequena e o melhor seria realizar essa nova consulta nos Estados Unidos.

Segui com Rosa para Houston, no Texas, onde permanecemos por cerca de dez dias. Fomos para o MD Anderson, um dos maiores centros de tratamento de câncer dos Estados Unidos e uma referência mundial. Realizei consultas com especialistas, apresentei o protocolo coreano e fui submetido a nova biópsia do tumor nasal. Os médicos americanos já conheciam o protocolo coreano e, apesar de ainda não ter sido aprovado no País, sugeriram que eu o seguisse no tratamento no Brasil. Além disso, recomendaram uma radioterapia mais forte, em razão da natureza do tumor.

Aqueles dez dias foram deprimentes. Nas andanças pelos corredores do MD Anderson, cruzávamos constantemente com pacientes imunossuprimidos, desnutridos e pálidos, vestindo camisolões e empurrando um suporte com a medicação da quimioterapia. O hotel onde estávamos hospedados era acoplado ao hospital, e o cenário, portanto, não mudava muito.

Estava ainda muito abalado com a notícia do câncer, me sentia exausto e sem ânimo para fazer qualquer tipo de atividade, mesmo as mais rotineiras. Em momentos como esse, os amigos e a família são de extrema importância. Meu tio Elias, irmão caçula da minha mãe, que pela pouca diferença de idade sempre foi muito próximo de mim, veio de Miami, junto com a sua esposa, Luciana, onde moram, nos encontrar em Houston. Passaram alguns dias nos dando apoio e fazendo companhia. Também reencontrei Michael, amigo desde o tempo do Santo Inácio, e sua esposa Morgana, com quem havia estudado na mesma classe no pré-primário no Colégio Zacarias. Ele trabalhava na Petrobras desde que se formara junto comigo no Fundão e morava em Houston. Passamos um fim de semana na casa deles, conversando sobre o passado e distantes da triste realidade do hospital.

O resultado da nova biópsia, realizada em Houston, confirmou o diagnóstico anterior. Estava ansioso para voltar ao Brasil, queria sair daquele ambiente e iniciar o tratamento o quanto antes. O fato era que eu tinha um linfoma raro e agressivo, que deu origem a um tumor maligno de quase três centímetros na cavidade nasal, e teria que enfrentá-lo.

A vontade sem força

Estava pronto para começar o tratamento. Li e reli inúmeras vezes o protocolo coreano, que iria seguir. A versão impressa ficou durante cerca de cinco anos na minha mochila. Eu estudava todos os 27 pacientes que haviam sido objeto do estudo. Alguns não suportaram o tratamento e outros faleceram por conta da doença, mas 66% estavam em remissão. Já era uma taxa de sucesso duas vezes maior do que a dos demais tratamentos. Tinha certeza de que eu estaria nesse percentual.

Iniciei as sessões diárias de radioterapia, em conjunto com uma quimioterapia para intensificá-la, em março de 2010. Embora fossem rápidas, com duração de vinte a trinta minutos, os efeitos colaterais eram cumulativos. No início, não senti muito, mas com o passar do tempo comecei a ter dores de cabeça intensas. Era um procedimento muito sensível. O radioterapeuta me explicou que era preciso irradiar exatamente no ponto certo, para não prejudicar a visão ou outras partes próximas ao meu nariz. Mesmo assim, fiquei com algumas sequelas, que acabariam gerando preocupação em exames no futuro.

Dois meses depois, em maio, iniciei o tratamento quimioterápico. A lógica do procedimento é simples: como algumas das células de defesa do corpo estão atuando contra ele, o objetivo é eliminá-las. O problema é que a quimioterapia não consegue diferenciar as células boas das que se degeneraram, e o tratamento ataca e tenta eliminar todas elas. O resultado é que o paciente fica imunossuprimido — ou seja, sem o seu sistema de defesa e suscetível a qualquer infecção, por mais inofensiva que seja. O tratamento me deixava muito debilitado e sem forças. Minha rotina durante esses seis meses se limitava a ir de casa para o hospital. Além de precisar evitar contato com as pessoas, eu não tinha forças e suspendi todas as minhas atividades. Precisei dormir no hospital durante setenta noites para cuidar de infecções e efeitos colaterais. As infecções, aliás, eram uma das minhas principais preocupações — no protocolo coreano, três pacientes que participaram do estudo morreram em razão delas.

O tempo todo eu procurava ter plena consciência de tudo o que estava acontecendo com minha saúde. Acompanhava todos os procedimentos médicos e resultados de exames. Buscava entender tudo nos mínimos detalhes — o estágio em que me encontrava, a medicação administrada e seus efeitos — e comparava com o protocolo. Meu relacionamento com a dra. Yana e sua equipe era excelente, nossos diálogos eram sempre transparentes e seguiam roteiros racionais.

Durante o tratamento, tive um sonho com meu falecido sogro. Ele me chamava para jogar sinuca e eu dizia: "Não, eu não vou agora. Ainda não está na hora". Acordei com uma sensação estranha, mas estava convencido de que ainda não era a hora mesmo.

Meu tratamento terminou no final de julho, e quinze dias depois realizei uma série de exames para identificar se o tumor havia desaparecido. Eu e Rosa estávamos no nosso apartamento em São Paulo quando entrei no site do Sírio-Libanês para ver o resultado: o tumor na cavidade nasal esquerda havia desaparecido por completo. Foi o maior alívio da minha vida. Logo em seguida Yana me ligou e confirmou a informação. Voltamos para o Rio de Janeiro e saímos com a família toda para jantar. Nunca uma simples saída de casa, uma caminhada pelas ruas, uma noite dormida na minha cama e a companhia de quem eu amo me foram tão prazerosas.

Tecnicamente, no entanto, eu não estava curado, mas em remissão — termo médico utilizado para se referir ao estágio em que não há mais evidências da doença, porém ainda cedo para se considerar curado. Estava muito feliz, mas ciente de que havia uma possibilidade de o câncer voltar. Eu precisaria fazer acompanhamentos médicos trimestrais para ter certeza de que isso não aconteceria.

Em um desses monitoramentos de rotina, um dos exames acusou uma anomalia na minha garganta. "Não tenho boas notícias", disse Yana. Pensei que um novo tumor aparecera e isso trouxe de volta toda aquela angústia que senti durante o tratamento. Fiz uma endoscopia e uma biópsia para confirmar a suspeita. Para o meu alívio, o teste deu negativo. Era uma sequela da radiação.

O período de monitoramento foi sempre tenso porque, se o tumor voltasse, não adiantaria repetir o tratamento. Seria necessário fazer um transplante de medula óssea, e minha chance de cura seria bem menor. O acompanhamento trimestral foi se espaçando até que no quarto ano passou a ser anual. Ao final de cinco anos, recebi alta e deixei de fazer os exames de rotina.

Acredito que essa batalha foi vencida por uma combinação de fatores: a crença em Deus durante todo o tratamento; a força, o pensamento positivo e o alto-astral da minha família, sempre presente em todos os momentos, não me deixando nunca desanimar; a qualidade e dedicação da equipe médica e de todos os profissionais de saúde do Sírio-Libanês que me atenderam; os amigos, que mesmo sem o contato físico por conta das restrições de saúde estiveram sempre presentes, através de mensagens, telefonemas e orações; e por fim o esporte, que me preparou fisicamente e me deixou um legado de resiliência, paciência, foco e determinação.

No início do tratamento, recebi de um amigo, João Lian, uma imagem de Santa Rita de Cássia com uma relíquia, um pequeno pedaço do vestuário da santa. Poucos meses depois do término do tratamento, viajei com Rosa e as meninas para visitar Cássia, na Itália, e agradecer a Santa Rita pela minha cura. No santuário havia pouco movimento, e o clima era de paz. Entrei na igreja, caminhei até o seu corpo, incorrupto, que se encontra em uma urna de vidro, ajoelhei e rezei, agradecendo por toda a força que tive naquele período.

Senti na pele como a saúde é essencial para termos liberdade. Durante boa parte daquele ano de 2010, havia perdido ambas. Aos poucos, comecei a retornar à vida normal e voltei a praticar esportes. Ainda estava muito fraco, mas já me considerava disposto para assumir um novo desafio.

Minhas irmãs, Cecilia e Luiza, com meu pai, em um dos aniversários dele.

Rosa e eu recém-casados em Campo Grande (MS), em dezembro de 1987.

Com meus avós maternos, Ciro e Maria Luiza, no aniversário de um ano da Mariana, em julho de 1995.

A família reunida em 2021, com o primeiro neto, Pedro.

Na chegada do meu primeiro Ironman, em Roth, Alemanha, em 1998.

Foto do relatório anual do BBA, quando eu era diretor da instituição.

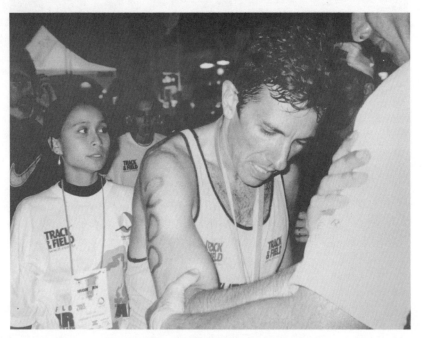

Chegada de mais um Ironman, dessa vez em Florianópolis, em 2001.

No encontro nacional do Novo com os pré-candidatos aos governos. Da esquerda para a direita: Marcelo Trindade (RJ), Alexandre Guerra (DF), Mateus Bandeira (RS) e Christian Loubauer, candidato a vice-presidente.

Evento durante a campanha presidencial no Parque Moinho de Ventos, em Porto Alegre, em 2018.

Debaixo de chuva durante a campanha presidencial, em Curitiba.

Evento em Santa Maria (RS), durante a campanha.

Discursando em evento realizado pelo grupo Mulheres do Brasil com sete presidenciáveis, entre eles Alvaro Dias e Ciro Gomes.

Em Minas Gerais, durante a campanha com o Romeu Zema, atual governador do estado.

O time do Novo na última semana de campanha, em outubro de 2018.

Comemorando o resultado das eleições do primeiro turno, em 7 de outubro de 2018.

11.
As mudanças que queremos não virão dos políticos que temos

JÁ EM SETEMBRO DE 2010, minha rotina começou lentamente a entrar nos eixos. Estava ansioso para, o mais rápido possível, ter de novo uma vida normal. Saía para correr, mas não conseguia passar de dois minutos e precisava alternar com uma caminhada. Não tinha como ser diferente. Era preciso ter paciência.

Ao retornar ao escritório, apresentei para Fabio Ribeiro meu raciocínio sobre o partido, a necessidade de fazermos algo e nos envolvermos com a política. Ele não hesitou: "João, então vamos. Estou dentro!". A doença não me despertou para a política, como alguns poderiam imaginar, mas talvez tenha me preparado para o desafio que estava por vir. Sobre a melhor forma de ajudar o Brasil, eu já vinha pensando havia bastante tempo.

Tive uma conversa em casa. Rosa, Ana Luiza e Mariana não se opuseram. Maria Fernanda ficou preocupada e preferia que eu não me envolvesse com política. Mas depois, quando iniciamos o processo de coletas de fichas de apoio para o registro do partido, não havia um dia em que ela não chegasse em casa com algumas fichas preenchidas. Ela temia uma provável exposição da família e ponderou: "Pai, você procurou, procurou, procurou e agora achou o negócio mais difícil que existe para fazer e resolveu fazê-lo". Após dez anos de dedicação 24 horas por dia ao partido, posso afirmar com convicção e por experiência própria que ela estava absolutamente certa.

Rosa nem hesitou em se engajar. Sempre tivemos uma ideia parecida sobre o País e a mesma vontade de fazer algo capaz de gerar grandes transformações. Ela nunca se contentou em apenas ajudar instituições de caridade. Dizia que era como "enxugar gelo", pois quanto mais ajudava, mais pessoas necessitadas apareciam, e o problema nunca era resolvido. Rosa sempre defendeu que a mudança começa com uma boa educação, bons exemplos e honestidade.

Eu precisava agora falar com outras pessoas, mas queria entender o processo de criação de um partido político. Não gosto de entrar em um empreendimento sem saber como ele funciona, quais os fatores críticos de sucesso, quais as melhores práticas e como se diferenciar. Se iria empreender na política, precisava estar preparado. Nesse campo, tudo seria uma novidade, e haveria poucas referências para tomar como base do que deveria ser feito, uma vez que uma das motivações para a criação do partido era justamente a insatisfação com a atuação dos partidos existentes. Com base nisso, construí o seguinte raciocínio, que passei a aplicar desde o início do processo de criação do Novo, e do qual nunca me arrependi: se é assim que se faz na política, teremos que fazer de outro jeito.

Nossa primeira decisão foi selecionar um advogado para trabalhar conosco na criação do partido. O Pinheiro Neto Advogados é um dos escritórios mais tradicionais do Brasil, e eu tinha trabalhado com eles inúmeras vezes no BBA, inclusive na venda da Fináustria. Como não conhecia advogados especializados em direito eleitoral, pedi uma indicação. Entretanto, o próprio escritório tinha essa especialidade e se propôs a realizar o trabalho. Em paralelo, obtive pela internet o estatuto dos principais partidos políticos brasileiros: PT, MDB, DEM e PSDB. Era preciso entender seu funcionamento. Ao ler os documentos, algo logo me chamou a atenção: partidos que se diziam opositores tinham práticas semelhantes. O PT e o PSDB, por exemplo, determinam que mandatários e ocupantes de cargos de confiança devem transferir um percentual dos seus salários para o partido. Aquilo, no meu entender, não fazia o menor sentido e ia frontalmente contra o interesse do cidadão. Quanto mais elevados fossem os salários de mandatários e quanto maior o número de cargos comissionados, maior seria a receita do partido — e tudo pago com o dinheiro dos nossos impostos, claro. Anotei esse ponto de imediato, como algo para fazermos de forma totalmente diferente.

Comecei a conversar com conhecidos e amigos sobre o projeto. Alguns achavam a ideia interessante, outros me desencorajavam a entrar na política ou eram descrentes e julgavam impossível formar o partido, e havia ainda os que queriam saber mais e entrar em detalhes sobre os quais eu não tinha ainda condições de responder. Mas logo ficou claro que eu precisaria tomar a frente, liderar o projeto e me dedicar integralmente.

Enquanto abordava pessoas próximas para formar um núcleo inicial, fui concluindo as tarefas que julgava mais relevantes naquele momento. Um caminho crítico a ser cumprido estava estabelecido. Resolvida a questão da assessoria jurídica, precisaríamos escolher um nome, um logo e definir a estratégia de comunicação.

Um amigo da época do Santo Inácio, Gustavo Sousa, com o qual eu não falava havia vários anos, era especialista em design de marcas. Agendei um encontro para apresentar o projeto, com o qual ele se identificou de cara e se prontificou a ajudar, tornando-se responsável pela criação da nossa logomarca. Precisaríamos então definir o nome. Para isso, novamente fui buscar a ajuda de outro amigo: chamei o publicitário José Henrique Borghi, meu companheiro de treinos e das provas de Ironman. Ele também simpatizou com a ideia e ficou de apresentar algumas sugestões.

Quando resolvo me dedicar a algo, não gosto de me dispersar e direciono todos os meus esforços à nova tarefa. Assim, a montagem do partido passou a dominar nossas conversas durante o jantar, em casa. A discussão do momento era sobre qual nome escolher. Mariana, na época com dezesseis anos, simplesmente disse: "Pai, por que não põe o nome de 'Novo'? Tudo que é novo é bom. E me lembra o cheirinho bom de carro novo". Fiquei com aquela sugestão em mente.

Dois dias depois fizemos, no Rio, com um pequeno grupo inicial, nossa primeira reunião do partido. Estavam presentes, além de mim, Fabio Ribeiro, Ricardo Taboaço, amigo da época do Citibank, Rosa, José Henrique e um profissional da área de marketing. José Henrique viera de São Paulo com algumas propostas de nomes para o partido: Legal, Cidadão, Plural, Ideal e alguns outros. Aproveitei e coloquei a sugestão da Mariana: Novo. Depois de alguma análise e debates sobre os prós e os contras de cada nome, a decisão foi unânime: o partido se chamaria Novo e evitaríamos, sempre que possível, utilizar a palavra "partido". Era um nome simples e curto, que passava a ideia de renovação. E dessa vez, ao contrário da Fináustria, o nome teria duas sílabas. É interessante constatar que, anos depois, vários partidos já existentes, visando aparentar uma renovação, passaram a trocar seus nomes, tirando também a palavra partido. Entretanto, uma mudança verdadeira exige muito mais do que a simples troca de nome.

Com o nome definido, o Gustavo trabalhou na logomarca e criou um N estilizado que, segundo ele, tinha o objetivo de demonstrar movimento e rapidez. A etapa seguinte seria apresentar o projeto do Novo para potenciais fundadores. O Brasil terminaria o ano de 2010 com um crescimento do Produto Interno Bruto de 7,5%, o ex-presidente Lula deixava o governo com um índice de popularidade de 87% e havia feito a sua sucessora: Dilma Rousseff. A capa da tradicional revista inglesa *The Economist*, com a imagem do Cristo Redentor decolando como se fosse um foguete, indicava o nosso grande potencial como nação. A revista infelizmente estava errada, e quatro anos depois publicou uma foto do Cristo Redentor estolando rumo ao chão.

Naquele momento, existiam 28 partidos políticos no Brasil. Apesar de todo esse quadro favorável em 2010, as pesquisas demonstravam que a maioria da população brasileira não se sentia representada pelos partidos políticos existentes, e os serviços essenciais, como saúde, educação e segurança, eram precários. A aversão à política era alta.

Entre os dias 15 e 20 de dezembro de 2010, realizamos três eventos para apresentar o Novo. Dois foram na minha casa, no Rio de Janeiro, e um na casa do Fabio Ribeiro, em São Paulo. Reunimos três grupos de aproximadamente setenta pessoas cada um. Eram amigos, conhecidos, colegas de trabalho, familiares e os advogados do escritório Pinheiro Neto.

A apresentação tinha quatro blocos. Eu começava dizendo que a política estava presente em nossas vidas e que, se não participássemos dela, nada mudaria. Ressaltava os prejuízos que causamos na sociedade quando somos cidadãos passivos e a importância de praticar a cidadania. Depois, contava a história do matemático Sérgio Fajardo, que fundou o Movimiento Compromiso Ciudadano na Colômbia, composto de pessoas dos meios empresarial, acadêmico e cultural. Fajardo foi prefeito de Medelín e promoveu uma grande renovação na cidade, melhorando significativamente a gestão pública e, consequentemente, a qualidade de vida da população. Esse era o exemplo que mais se aproximava do que gostaríamos de realizar com o Novo. Depois, usando dados e gráficos, eu mostrava os altos impostos pagos pela população e o pouco que recebemos em troca, em comparação com outros países. Deixava claro que nosso propósito com o Novo era criar uma plataforma de atuação política para melhorar a vida de todos os brasileiros, em especial dos que mais precisam. Por último, mostrava quais eram as etapas e o que era necessário para a criação de um partido. Em São Paulo, Fabio fazia a apresentação da mesma forma.

Os advogados do Pinheiro Neto estavam presentes para tirar as dúvidas. Após a apresentação, pedíamos que os interessados em ser fundadores da nova agremiação assinassem um livro, adquirido especialmente para a ocasião. Obtivemos 90% de adesão nas três reuniões, inclusive a dos dois advogados do escritório. Aquilo me surpreendeu positivamente. Fui conversar com eles, e o comentário do José Alexandre, sócio do escritório, me deixou muito feliz: "João, tendo um partido como o Novo eu estaria disposto a sair da empresa por cerca de cinco anos e me dedicar à vida pública". Ter como representante no Congresso pessoas com a competência, o preparo e a seriedade do José Alexandre era exatamente do que precisávamos para transformar nossa política e, por consequência, o País. O objetivo do Novo era ser uma plataforma para essa transformação.

Estávamos animados, mas nem de longe imaginávamos os desafios que teríamos pela frente. Nossa meta era obter o registro no TSE até setembro de 2011, para que pudéssemos participar das eleições municipais de 2012. A estratégia a partir do registro seria conquistar cargos no Executivo em cidades médias, realizar uma gestão diferenciada, entregando resultados concretos para o cidadão no nível municipal, e então seguir com um crescimento natural e orgânico, até chegarmos às mudanças estruturais relevantes. Afinal, é assim que funciona em um empreendimento no setor privado: você começa pequeno e, à medida que entrega bons resultados, o crescimento acontece. Contratamos a empresa júnior da PUC para fazer o nosso site. Criamos nossa página no Facebook no dia 16 de dezembro de 2010 e fechamos um contrato com uma empresa de marketing que nos ajudaria na divulgação do Novo nas ruas e na obtenção das 500 mil fichas de apoio necessárias para fazer o registro do partido. Já tínhamos um lema inicial — "gestão e cidadania" —, e me comprometi com os recursos iniciais necessários até o registro do partido. Nossa estimativa era de que gastaríamos cerca de 3 milhões de reais.

Iríamos logo descobrir que nossas avaliações iniciais, como aliás acontece em boa parte dos empreendimentos, eram muito otimistas. Erramos no nível de dificuldade, no prazo e nos gastos previstos.

Funcionamento e valores

Nosso primeiro grande desafio seria elaborar o estatuto do Novo, que seria submetido posteriormente à aprovação dos fundadores. O estatuto do partido é o conjunto de regras que disciplina o seu funcionamento. De acordo com a legislação, os partidos políticos são entidades de direito privado, e assim contam com alguma liberdade para a definição do seu estatuto, mas as agremiações precisam ser aprovadas pelo TSE para a obtenção do registro definitivo.

Na elaboração do estatuto, tínhamos três objetivos principais: inovar na política, gerir o partido com eficiência e protegê-lo

de agendas pessoais, para que se mantivesse fiel a seus princípios e valores ao longo da sua história. O resultado deveria ser
a construção de uma instituição que representasse uma marca
de seriedade, coerência e competência na política brasileira.

Nesse sentido, vale citar as principais regras instituídas no
estatuto, todas elas inovadoras em relação às demais legendas:

- Todos os filiados e não apenas os candidatos devem ser
  "ficha limpa". Ética e honestidade são fundamentais.
- Os filiados contribuem financeiramente para o funcionamento do partido. Estabelecemos o valor correspondente
  a meio salário mínimo por ano — e a partir de então seria
  reajustado anualmente pela inflação do período. Isso significa, hoje, cerca de trinta reais por mês. Dessa forma, o Novo
  está permanentemente sob a avaliação de seus apoiadores.
- Os dirigentes partidários não podem ser mandatários.
  Aqueles que desejam concorrer precisam deixar o cargo
  no diretório com antecedência mínima de quinze meses
  da data da eleição. Esse ponto tem como objetivo impedir
  que o mandatário utilize a máquina partidária para seu
  benefício pessoal e transforme o partido apenas em uma
  legenda para atender seus interesses eleitorais.
- Nossos mandatários podem se candidatar à reeleição
  para o mesmo cargo apenas uma única vez. Precisamos
  incentivar a renovação e impedir o carreirismo político.
- Não há cobrança de percentual do salário do mandatário
  ou de ocupantes de cargos em comissão. A contribuição
  partidária mínima é igual e única para filiados e candidatos eleitos.
- O candidato precisa formalizar suas propostas em um
  Compromisso de Gestão e Compromisso de Atuação Legislativa, prevendo metas a serem cumpridas.

Mas um grande diferencial do Novo não estava previsto nesse primeiro momento, em nosso estatuto: a não utilização de recursos públicos oriundos do Fundo Partidário e do Fundo Eleitoral. Acredito que a principal distorção do nosso sistema político advém desses recursos, e qualquer reforma política deve ter como primeiro objetivo eliminá-los. Manter um partido com trinta reais por mês de cada filiado não é simples. Todos os partidos brasileiros, com exceção do Novo, sobrevivem com recursos públicos e por isso não exigem o pagamento dos seus filiados.

Desde o registro do Novo, em 2015, nunca utilizamos os recursos do Fundo Partidário, com exceção da parcela de 5% do montante total, destinada a incentivar a participação feminina na política. É uma obrigação legal, sob pena de sermos multados e de termos nossas contas reprovadas. Já tentamos direcionar os recursos do Fundo Partidário para outras áreas que julgamos essenciais, como a saúde, mas até o momento não obtivemos autorização para fazê-lo. Esse dinheiro também não pode ser doado, apenas devolvido ao TSE, caso em que é dividido entre os demais partidos. Atualmente, esses recursos permanecem aplicados na conta bancária do Novo aguardando alguma mudança nas regras atuais para o destino que julgamos adequado: devolvê-lo à população.

Quanto ao Fundo Eleitoral, instituído em 2017, não o utilizamos nas duas eleições das quais participamos. Ao contrário dos recursos do Fundo Partidário, trata-se de uma verba que deve ser devolvida ao governo. Em 2020, o Novo devolveu aproximadamente 35 milhões de reais aos cofres públicos. Se todos os demais partidos tivessem adotado o mesmo procedimento, seriam 2 bilhões de reais disponíveis para áreas como saúde, educação ou segurança, em vez de serem gastos em campanhas eleitorais.

O início do Novo

Nos últimos dias de 2010, tínhamos o nome, o logo e o estatuto definidos, além de um grupo de pessoas que participaram das nossas reuniões de apresentação e estavam dispostas a serem fundadoras do Novo. Marcamos, assim, a data da fundação do partido para o dia 12 de fevereiro de 2011. De acordo com a legislação, teríamos que reunir, no mínimo, 101 cidadãos com a situação eleitoral regular de pelo menos nove estados da federação. Nesse encontro, os fundadores deveriam aprovar o estatuto do partido e a constituição do diretório nacional provisório.

Foi com muita satisfação que, naquela manhã ensolarada de sábado, reunimos na sede do escritório Pinheiro Neto, no bairro do Humaitá, no Rio de Janeiro, 181 cidadãos, de 35 profissões, representando dez estados, com idades variando de dezesseis a 81 anos, e fundamos o Novo. Não havia nenhum político, nenhuma figura pública conhecida e nenhum grande empresário. Era simplesmente um grupo de pessoas que entenderam que a política é determinante em suas vidas e, portanto, precisavam participar dela de forma ativa.

Eu não sabia qual seria a nossa chance de sucesso nem mesmo se conseguiríamos obter o registro do partido. Não imaginava também os enormes e crescentes desafios que nos aguardavam, mas tinha certeza de que me frustraria muito mais se não tentasse construir uma alternativa diferente para a participação e atuação política no Brasil.

Encontrar um médico, filho de um amigo do meu pai, que pegou um voo de madrugada saindo de Belém do Pará para estar lá, ex-colegas de trabalho da Fináustria, conhecidos que acordaram cedo e vieram de cidades como São Paulo, Porto Alegre, Belo Horizonte e Campo Grande foi revelador de um desejo de mudança. Estavam também presentes vários jovens, que nos deram a sinalização de que algo diferente na política estava surgindo. Todos os 181 fundadores do Novo tinham o mesmo propósito: se envolver na política para construir um Brasil melhor. Esse momento faz parte das várias passagens inesquecíveis que o Novo me proporcionou. São lembranças que, junto com o desejo genuíno de melhorar a vida das pessoas, serviram como uma fonte de energia para eu enfrentar obstáculos que pareciam ser intransponíveis e me fazem sentir eternamente responsável e vigilante pelos princípios e valores que devem ser seguidos pela instituição.

Fichas de apoio: uma tarefa quase impossível

Aprovados o estatuto do partido e o diretório nacional provisório, constituído por mim, Fabio Ribeiro, Júlio Camuce e Marcelo Lessa, iniciaríamos o cumprimento das exigências legais para o registro do partido. A coleta de fichas de apoio certamente seria a mais difícil delas.

Enfrentamos uma infinidade de obstáculos, que deixaram claro para mim como o sistema político se protege de novos entrantes. As pessoas deveriam ter o direito de se associar para criar uma instituição que as represente. A legislação para a montagem de um partido político no Brasil deveria ser muito mais simples. Não importa a quantidade de instituições existentes, o importante é que não recebam dinheiro público e, portanto, sejam responsáveis pelo seu sustento com o suporte de seus filiados e apoiadores. O sistema atual, infelizmente, faz o contrário: cria dificuldades para a formação de novas agremiações e provê recursos públicos para os partidos.

Nossos problemas começaram no dia útil seguinte à fundação do partido. Precisávamos publicar o estatuto, o programa e a ata de reunião de fundação no Diário Oficial, para darmos entrada no processo de solicitação do CNPJ do Novo. Entretanto, fomos informados pela Imprensa Oficial de que só poderíamos realizar a publicação se tivéssemos um CNPJ. Depois de alguns dias explicando que a exigência era impossível de ser cumprida, conseguimos publicar. Era só o início do que estava por vir. Os obstáculos e a aversão das pessoas aos partidos políticos tornam a montagem de uma agremiação política uma tarefa quase impossível. Durante os quatro anos entre a fundação e o registro do Novo, tentamos abrir uma conta-corrente para o partido. Os bancos públicos nos informavam que só poderiam fazer isso depois do registro, e os privados não tinham interesse na abertura da conta. Todo partido em formação tem custos com advogados, uma pequena equipe, o aluguel de uma sala em Brasília, contador etc. Decidimos, então, que a solução seria abrir uma conta conjunta minha e do Fabio, que eu abastecia com recursos e utilizávamos unicamente para as movimentações do partido. Ao final, quando obtivemos o registro e conseguimos abrir uma conta em nome do Novo, doei o valor aportado durante esses anos para o partido. É interessante ter passado por todas essas dificuldades e ler, até hoje, fake news mencionando que o Novo e eu estamos a serviço de bancos privados, quando nem uma conta-corrente para o partido essas instituições financeiras se dispuseram a abrir.

A legislação que rege as regras para criação de um partido exige que cada agremiação, para pleitear o seu registro no TSE, apresente uma quantidade mínima de fichas de apoio, equivalente a 0,5% do total de votos válidos da última eleição para a Câmara Federal. Esse total deve ser obtido em pelo menos nove estados, com um mínimo de 0,1% do total de votos válidos daquela unidade da federação. Todas as fichas, preenchidas com os dados do eleitor, precisam ter suas assinaturas verificadas pelo cartório eleitoral que emitiu seu título. Só assim serão consideradas válidas. Em resumo, precisaríamos de 500 mil assinaturas validadas pelos cartórios de pelo menos nove estados.

O Novo é o único partido que não se originou de uma dissidência partidária, de uma organização religiosa ou de qualquer instituição representativa de classe, como os sindicatos. Não tínhamos uma base de eleitores, seguidores religiosos ou associados com quem obter as fichas de apoio. Sabíamos, portanto, que a tarefa seria dificílima, e priorizamos a coleta das fichas de apoio, mensurando os métodos mais eficientes e a divulgação dos nossos diferenciais. Não adiantava discutir planos de governo e pensar em reformas do Estado enquanto não fôssemos capazes de viabilizar a existência do partido.

Seguimos então nossa estratégia e, no primeiro ano, adotamos três frentes de trabalho: 1) colocamos a ficha de apoio no site do partido, para ser impressa, preenchida e enviada pelo correio, com porte pago; 2) para as pessoas que nos mandavam mensagens dizendo que queriam ajudar no processo, enviávamos cem fichas em branco e um envelope selado para coletarem os apoios e enviarem de volta; 3) contratamos duas empresas de marketing e divulgação para apresentarem o partido e coletarem assinaturas na rua.

As três ações tiveram resultados insatisfatórios. A quantidade de fichas recebidas pelo correio era muito baixa se comparada ao volume de que precisávamos, e algumas eram de cidades distantes, onde não tínhamos uma estrutura logística para levá-las ao respectivo cartório eleitoral para validação. Recebemos poucos retornos dos envelopes que enviamos para quem havia se prontificado a ajudar. Provavelmente, diante das dificuldades encontradas na coleta, as pessoas desistiram. Quanto às agências contratadas, o problema foi ainda maior.

O serviço consistia na abordagem das pessoas na rua para a coleta das fichas de apoio. Nosso procedimento com as empresas foi semelhante: nos reunimos com as suas equipes e transmitimos a elas quais eram os principais diferenciais do partido, as informações que deveriam ser utilizados como argumento nas abordagens. Destacamos a necessidade de explicar que a assinatura não significava a filiação, mas apenas o apoio para a existência do Novo; que todos os filiados seriam ficha limpa; que o partido era formado por pessoas indignadas com a qualidade dos serviços públicos e que o Novo não tinha nenhum político em seus quadros. Essa era a mensagem a ser passada.

Na reunião com a primeira agência, os responsáveis detalharam como seria a operação e comecei a ter dúvidas sobre sua efetividade. O roteiro parecia fácil demais, e usava como modelo uma experiência anterior, cujo objetivo era completamente diferente do nosso. Comentei com Fabio que achava melhor buscarmos uma alternativa, mas ele estava confiante e se dispôs a financiar a operação.

Fizemos um contrato inicial de 150 mil reais para o primeiro lote. O acordo estipulava o pagamento por horas trabalhadas, e a expectativa sinalizada pela empresa era que obteríamos aproximadamente 25 mil fichas. Ao final, conseguimos menos de 2500 mil fichas, que ainda teriam que ser validadas pelos cartórios eleitorais — ou seja, o custo por ficha era dez vezes maior do que o estimado na contratação. Não renovamos o contrato e procuramos outra empresa. Uma lição foi aprendida: na próxima vez, pagaríamos por ficha coletada.

Com a segunda empresa, firmamos um contrato inicial de coleta de 30 mil fichas válidas, e o resultado inicial pareceu satisfatório. Resolvemos acelerar o processo, pois ainda tínhamos a esperança de obter o registro do partido e participar das eleições municipais de 2012. Começamos então a entregar as fichas coletadas por essa empresa nos cartórios eleitorais para validação das assinaturas e, ao mesmo tempo, firmamos mais um contrato, dessa vez no valor de 850 mil reais, abrangendo um número maior de estados.

Os cartórios têm o prazo legal de quinze dias, a partir do recebimento das fichas, para proceder à verificação das assinaturas e dos dados. Esse prazo dificilmente era cumprido, e muitas das fichas não eram validadas por divergência de assinatura. Era um processo sobre o qual não tínhamos nenhum controle. Fichas de apoiadores muito próximos ao Novo não tiveram suas assinaturas aceitas. Alguns deles chegaram a ir pessoalmente aos cartórios eleitorais para reclamar.

Em julho de 2011, quando eu estava fora do Brasil viajando de férias com a família, recebi uma ligação de um dos advogados do Pinheiro Neto. Eu deveria comparecer à Polícia Federal para depor, pois as assinaturas de algumas fichas não haviam sido validadas e as pessoas contatadas pelos cartórios disseram que não eram suas. Os cartórios encaminharam essas fichas para o Ministério Público Eleitoral, que acionou a Polícia Federal para uma investigação. Rosa ficou aflita e foi taxativa: "João, vamos desistir disso. Estamos trabalhando muito e colocando dinheiro para tentar ajudar o Brasil e você está sendo chamado a prestar depoimento na Polícia Federal, não dá". Era um argumento justo, mas a vontade de ajudar o Brasil e a certeza de que não estava fazendo nada de errado me fizeram seguir em frente.

Tivemos muitos problemas com as fichas que vieram por meio dessa empresa. Em determinado momento, desistimos de entregá-las aos cartórios. O índice de validação era muito baixo, novas investigações surgiam contra o partido e nós éramos responsabilizados na qualidade de dirigentes. Notificamos a empresa, encerramos o contrato e entramos com uma ação judicial para buscar a devida reparação, mas já havíamos pagado quase todo o valor combinado. Tive que ir inúmeras vezes à Polícia Federal no Rio de Janeiro e em São Paulo. Em mais de uma ocasião, fui solicitado a escrever a mesma frase cinquenta vezes para verificarem se a letra nas fichas não era minha. Em um dos meus depoimentos, depois de contar todo o ocorrido ao delegado da Polícia Federal no Rio de Janeiro, ele me disse: "Vocês, na verdade, são vítimas". Eu estava de pleno acordo com a observação. Tivemos que contratar advogados para acompanhar os processos e nos defender, um custo adicional que não estava nas nossas estimativas iniciais.

O partido ganha visibilidade

Além da coleta de fichas, tínhamos que lidar com a outra principal demanda do partido: a comunicação. Assumi essa tarefa junto com Rosa. Eu cuidava da página do Facebook, dos posts e das respostas aos comentários e dividia com ela as respostas no Fale Conosco do site do partido. Nossa meta era não deixar ninguém sem resposta em nenhum desses canais. Estávamos apresentando uma ideia, um novo conceito, e precisávamos responder a todas as dúvidas.

As mídias sociais foram determinantes para a nossa viabilidade e crescimento. Naquele momento, o ambiente era menos agressivo e inóspito do que hoje, e a troca de ideias entre pensamentos divergentes ainda era possível. Infelizmente esse foi um dos retrocessos que sofremos no País. A racionalidade do debate e dos argumentos foi substituída pela agressividade e pelos ataques infundados aos oponentes. A lógica e as evidências foram deixadas de lado.

Poucas semanas depois da fundação do partido, em março de 2011, recebi uma ligação de um repórter da *Folha de S.Paulo* querendo realizar uma entrevista. Estava fazendo uma reportagem sobre o Novo. Fiquei intrigado, pois era tudo muito recente e questionei como ele ficara sabendo de nós. "Conheço uma pessoa que trabalhou com você no BBA e que falou muito bem do projeto." Eu estava reticente, pois seria minha primeira entrevista sobre o Novo, mas acabei aceitando. A matéria foi publicada em um sábado de Carnaval, dia 5 de março de 2011, com o título "Empresários organizam partido que promete gestão empresarial na política".

Em menos de três dias, recebemos mais de 3 mil e-mails pelo Fale Conosco. Eu e Rosa respondemos a todas as mensagens. Estávamos em Angra dos Reis para passar o feriado e ficávamos até de madrugada trabalhando. Eram pessoas de todo o País, querendo entender mais sobre o projeto, participar, ajudar, se filiar ou apenas nos parabenizar ou criticar pela iniciativa. Na troca de mensagens naqueles dias com alguns críticos, construí algumas amizades que perduram até hoje e que muito colaboraram para o projeto.

A experiência durante o ano de 2011 demonstrou a complexidade envolvida na obtenção das certidões de apoio. Nossa ideia original de participar das eleições municipais de 2012 mostrou-se inviável, sobretudo devido ao processo de coleta e validação de fichas. No final do ano, passei a me questionar se, de fato, obteríamos as 500 mil certidões necessárias para o registro. A solução era ampliar a divulgação do projeto, trabalhar ainda mais e priorizar a coleta. Eu já havia desembolsado cerca de 1 milhão de reais e ainda estávamos muito longe de conseguir o número suficiente de assinaturas para registrar o partido.

A lógica e as evidências nos levaram à escolha liberal

Em paralelo à parte burocrática, fomos desenvolvendo a nossa ideologia e a nossa cultura interna. Eu tinha a convicção, desde as nossas primeiras reuniões, de que deveríamos estruturar uma instituição que tivesse uma governança sólida e uma cultura própria e que fosse baseada em ideias e princípios, não em pessoas. Somos contra o personalismo e a cultura do salvador da pátria. Obviamente as lideranças são importantes. Elas devem servir de exemplo e representar os valores da instituição, mas a sua agenda nunca pode se sobrepor à da organização. Essa era a experiência que eu trazia da área privada, e acredito que somente dessa forma construímos organizações consistentes que perduram no longo prazo.

Uma segunda certeza era a de que precisávamos fazer o certo sempre. Os resultados não podem ser um fim em si mesmo, e sim a consequência da nossa atuação. Esse tipo de conduta nos garantiria uma postura coerente e seria um dos principais diferenciais na atuação política do Novo.

O terceiro ponto, crucial para mim, era lembrar a nossa motivação para a criação do partido e para a nossa atuação na política: melhorar de forma sustentável, o mais rápido possível, a qualidade de vida do maior número de brasileiros. Esse propósito precisava embasar qualquer estratégia eleitoral definida pelo partido.

Com esses valores e as regras estabelecidas no estatuto, iniciamos a divulgação do Novo. Nosso lema inicial era "gestão e cidadania", destacando que era preciso envolver as pessoas na política e melhorar a administração da máquina pública. Mas logo passamos a ser cobrados pela definição da linha ideológica que nortearia as nossas propostas na esfera pública. Não me agrada a ideia de ter um rótulo, e sim de tomar decisões baseadas na racionalidade e nas evidências.

Assim como os demais membros do diretório nacional provisório, com exceção do Fabio, eu pouco conhecia sobre o liberalismo. Comecei a estudar o assunto, ler artigos, livros, assistir a vídeos e avaliar a relação entre liberdade econômica e qualidade de vida da população.

Os termos "direita" e "esquerda" são utilizados para definir correntes antagônicas na política. Contudo, ao longo do tempo, seus entendimentos foram bastante distorcidos e têm hoje interpretações diversas. Acredito que há outra segmentação que faz mais sentido, por ser mais simples e clara. Existem aqueles que acreditam que para o cidadão ter uma vida melhor é preciso dar mais poder ao Estado, que resolverá os nossos problemas, e outro grupo segundo o qual o poder deve ser do cidadão, que se sobrepõe ao Estado e será o melhor gestor da própria vida e resolverá da melhor forma seus problemas. Escolhemos e defendemos veementemente este último grupo.

Baseado na observação dos países mais desenvolvidos, no fracasso das nações que adotaram o socialismo e no próprio modelo brasileiro, com um Estado paquidérmico, fica claro que quanto mais poder e mais liberdade tiver o cidadão, mais oportunidade ele terá e melhor será a sua qualidade de vida. Não precisamos de um Estado grande, intervencionista e paternalista por sermos pobres; somos pobres justamente por termos esse modelo de Estado.

No Novo, acreditamos em um Estado democrático de direito, que respeita as instituições, preserva as liberdades individuais, incentiva o empreendedorismo e possibilita oportunidades para todos. O Estado, na nossa avaliação, deve atuar nas áreas essenciais: saúde, segurança, justiça e educação básica.

À medida que definirmos áreas prioritárias, conseguiremos ter mais eficiência e qualidade nesses serviços. Defendemos também que o Estado tenha uma rede de proteção para aqueles que estão na pobreza absoluta, como o Bolsa Família. O importante, contudo, é que esse programa tenha como objetivo tirar as pessoas dessa situação de forma sustentável. O seu sucesso deve ser medido pela quantidade de pessoas que saem do programa, e não pela quantidade de beneficiados.

Não cabe ao Estado gerir nenhum tipo de empresa — isso deve ser feito pela iniciativa privada em um ambiente de livre mercado. Não existe melhor proteção ao consumidor do que a concorrência.

Com base nesses entendimentos, definimos as crenças que pautariam a nossa atuação: respeito às liberdades individuais, com responsabilidade; promoção do indivíduo como agente de mudanças e único criador de riquezas; defesa do livre mercado; visão de longo prazo; igualdade de todos perante a lei.

Definimos, então, que o Novo seria um partido liberal. Acredito que todo o poder e os recursos que o Estado detém são subtraídos do cidadão. Portanto, se queremos o cidadão com mais liberdade, autonomia e recursos no bolso, precisamos limitar a atuação do Estado. Nosso objetivo não é o Estado mínimo, mas sim o cidadão máximo. Infelizmente, estamos distantes dessa realidade.

Nosso primeiro vídeo institucional, escrito por José Borghi, já deixava claro nosso pensamento. Começava com várias perguntas para reflexão do cidadão: "Você já pensou em morar em um país onde os serviços públicos funcionem? Onde o seu esforço seja recompensado? Você já pensou em morar em um país onde o que é dito é feito, sem falsas promessas? Onde as liberdades individuais e a livre iniciativa são defendidas? Um país ficha limpa?". Então apresentava o Novo como uma alternativa que surgia para levar a política a outro nível, o da eficiência e transparência, com um jeito diferente de atuar.

Finalmente, o registro do partido

Apesar da frustração com os resultados da coleta de fichas em 2011, o aprendizado ficou, e as nossas ideias estavam se espalhando. Tínhamos uma série de voluntários, em diversas cidades, obtendo fichas de apoio para o partido. O número ainda era baixo, mas isso nos fez acreditar que seria possível.

Um desses voluntários era Cláudio Barra, paraense, mas morador de Brasília. Desde os dezoito anos, tinha vontade de participar da política e transformar o País, porém, segundo seu relato, nunca encontrara um grupo com o qual se identificasse. Pesquisando nas redes sociais, descobriu o Novo, que acabara de ser fundado. Ele chamou a nossa atenção pois havia começado sozinho a coleta na sua cidade, mas conseguiu um número surpreendente de fichas. Em uma conversa conosco, ele disse que poderia montar uma equipe na capital federal para coletar assinaturas e coordenar o trabalho no Rio de Janeiro e em São Paulo.

Elison Bernardes, morador de Goiânia, foi outro voluntário que havia se destacado na coleta de fichas. Ele conheceu o Novo através de uma entrevista que eu dera ao jornal *Valor Econômico*. Aproveitou a proximidade entre as duas cidades e trocou muitas experiências com o Cláudio sobre os processos de abordagem e as melhores práticas para a coleta de fichas. Fizemos um contrato também com o Elison e ampliamos a operação em Goiás.

Resolvemos ainda estruturar uma equipe para atuação mais forte em São Paulo. Chamei o Célio Figueiredo, antigo colega da Fináustria, e organizamos uma equipe de rua para a coleta das fichas. Implantamos controles internos para minimizar os problemas anteriores e adotamos um sistema de códigos que nos permitia identificar qual pessoa tinha sido responsável por coletar aquela ficha. Apresentávamos o partido e pedíamos o apoio para a nossa formação, mas havíamos aprendido com o processo. Nossa primeira pergunta na abordagem era: "Onde você vota?". Como seria preciso levar a ficha de apoio aos cartórios eleitorais das cidades dos apoiadores, priorizávamos eleitores de cidades próximas ou nas quais já tínhamos um volume maior de fichas. Assim não desperdiçávamos o tempo do potencial apoiador e obtínhamos maior eficiência no processo.

Essas três frentes de coleta foram estruturadas formalmente e acabaram sendo responsáveis por uma parcela significativa das certidões necessárias para obtermos o registro do partido. Durante mais de três anos, coletamos fichas de apoio em mais de mil cidades brasileiras. Cumprimos toda a logística de verificar o seu preenchimento, copiá-las, organizá-las e enviá-las para os inúmeros cartórios eleitorais espalhados pelo País. Nesse período, intensificamos as apresentações do Novo pelo Brasil e iniciamos a montagem dos diretórios estaduais e municipais necessários para o registro. Ao mesmo tempo, continuamos a crescer nas mídias sociais e passamos a utilizá-las também para divulgar um placar com o total de fichas coletadas e o total de certidões obtidas. O engajamento do maior número possível de pessoas era fundamental.

As apresentações serviam para deixar claros as nossas ideias, os nossos propósitos e valores, além de enfatizarmos a importância da participação cidadã na política. Assim, construíamos a instituição, a nossa cultura e a nossa marca, em um processo contínuo. Os eventos eram também oportunidades para identificarmos voluntários alinhados com os nossos ideais e que pudessem assumir a gestão de diretórios.

Finalmente, no primeiro semestre de 2014, atingimos a meta. Com muito foco, determinação, organização e trabalho, coletamos 1 milhão de assinaturas, das quais 500 mil foram validadas e certificadas. Em junho, demos entrada no TSE com todos os documentos necessários. Minha expectativa, considerando o tempo de aprovação do PSD, último partido formalizado, era de que obteríamos o registro até o final do ano. Não foi o que aconteceu.

Acompanhávamos a tramitação do nosso processo pelo sistema do TSE. As etapas deveriam ser simples, e não entendíamos a razão de tanta demora. Ao final de oito meses, conversamos com os nossos advogados e eles nos incentivaram a contratar um escritório com especialização na Justiça Eleitoral. A advogada eleitoral Marilda Silveira, que assessora o Novo até hoje, assumiu a condução da ação. Passamos a evoluir, mas ela precisou trabalhar ainda por seis meses para nos levar ao julgamento no plenário do TSE.

Viajamos para Brasília por três vezes antes de vermos o partido ser aprovado pelos ministros do TSE. Alguns apoiadores começaram a ficar descrentes com a obtenção do registro. No primeiro julgamento, nosso processo foi retirado de pauta por conta de uma alteração demandada no nosso estatuto. Na segunda vez, a sessão do TSE foi suspensa em razão de outros compromissos dos ministros, e somente na terceira oportunidade, em 15 de setembro de 2015, obtivemos a aprovação do registro. Foram sete votos a favor e um contra.

Foi um momento muito marcante e emocionante para todos nós, e muitos não contiveram as lágrimas. Na saída do TSE, fiz um vídeo curto para as nossas redes sociais anunciando o registro e agradecendo a todos que nos ajudaram. Naquela noite, não consegui dormir direito. Foram cinco anos de muito trabalho somente para que o Novo existisse. Muitos desafios e obstáculos estavam por vir, mas havíamos vencido a primeira etapa. Era um sentimento de alegria e de missão cumprida.

Fomos otimistas ao pensar que participaríamos das eleições de 2012. Dedicamos muito tempo, tivemos muita paciência e tolerância em um processo longo, burocrático e oneroso. Acredito que conseguimos porque buscamos alternativas a cada obstáculo que aparecia. O espírito empreendedor de cada voluntário foi crucial para que o partido obtivesse o registro.

Um diálogo que tive minutos depois, ainda dentro do prédio do TSE, ilustra bem o que eu desejava para o Novo. Fui abordado por pessoas do Maranhão, que pretendiam ser candidatas em 2016 e me disseram que já tinham o grupo formado. Perguntei de imediato: "Vocês querem ser candidatos ou candidatos pelo Novo?". E emendei: "Se quiserem apenas ser candidatos, sugiro outro partido. No Novo não utilizaremos recursos públicos, faremos coligação apenas com os partidos com os quais tivermos alinhamento e nossos candidatos passarão por um processo seletivo. Ou seja, será mais trabalhoso". O grupo agradeceu, e nunca mais tive notícias deles.

Fico feliz quando ouço alguém dizer que vai votar no candidato do Novo. Vejo que estamos conseguindo ter o reconhecimento dos nossos propósitos, independentemente do candidato que está representando essas ideias. A manutenção da nossa coerência, da visão de longo prazo e da seleção de candidatos que estejam comprometidos com os valores do partido, e não que o utilizem apenas como uma legenda vazia, é a principal missão dos nossos dirigentes partidários. Isso é o que nos diferencia desde a concepção.

12.
A estreia do Novo

ADOTEI NA GESTÃO DO NOVO o mesmo roteiro que utilizava nas empresas em que trabalhei: definimos o objetivo, traçamos a estratégia e planejamos as ações. Em nossa primeira incursão eleitoral, era importante provar que nosso objetivo era viável. Era possível trazer gente nova e desconhecida para a política e elegê-las sem dinheiro público, praticamente sem horário eleitoral gratuito, realizando campanhas com muito pouco gasto e sem coligações com partidos com os quais não nos identificássemos. Muita gente questiona por que o Novo veta coligações, e sempre explico que isso não é verdade, pois nosso estatuto prevê essa possibilidade. Porém, julgamos não fazer sentido nos coligarmos visando apenas aumentar o tempo de televisão ou como parte de uma tática eleitoral. A coligação deve ser baseada na identidade de princípios, valores e atitudes.

Antes de 2015, a legislação determinava que para ser candidato o cidadão precisava estar filiado ao partido político pelo qual pretendia se candidatar com pelo menos doze meses de antecedência da data da eleição. Felizmente, nesse ano ocorreu uma mudança na legislação eleitoral, e o prazo foi encurtado para 180 dias. A data limite, que seria 4 de outubro de 2015, ou seja, apenas dezenove dias após a obtenção do nosso registro como partido político, passou para 4 de abril do ano seguinte. Ganhamos seis meses, e essa mudança foi fundamental para viabilizar a participação do Novo nas eleições municipais de 2016. Seria a nossa estreia na política.

No início do ano de 2016, reunimos, em um fim de semana em São Paulo, todos os responsáveis pelos vinte núcleos municipais existentes do Novo, naquele momento. Apresentamos a situação do partido e os dados de cada núcleo: filiados ativos, recursos disponíveis e doadores. Depois de uma manhã de discussões, concluímos que conseguiríamos lançar candidatos em no máximo cinco ou seis municípios. Realizamos um processo de votação interna com todos os participantes e chegamos a seis cidades: São Paulo, Rio de Janeiro, Belo Horizonte, Curitiba, Porto Alegre e Campinas, mas o próprio gestor de Campinas entendeu que eles ainda não estavam preparados para participar do pleito. Definimos então as cinco primeiras cidades onde buscaríamos candidatos para câmaras de vereadores e para prefeituras.

Nosso desafio era atrair bons quadros que estivessem dispostos a se candidatar. Diferentemente de outros partidos, em que os candidatos são escolhidos por sua viabilidade eleitoral, adotamos um método inspirado no processo seletivo de contratação aplicado por empresas. Não estamos em busca do melhor candidato para angariar votos — ou seja, alguém popular —, mas sim de alguém sério e competente que venha a ser o melhor mandatário. Esse é, no meu entender, o roteiro que deveríamos adotar com o eleitor. Infelizmente a constante escolha pelo candidato viável, carismático e muitas vezes populista tem como resultado o desempenho sofrível na gestão pública e a frustração com a política. Os dois fatos têm sido recorrentes no Brasil: a escolha equivocada e a consequente decepção.

Definimos então que precisaríamos de um processo de seleção que avaliasse o grau de identificação do candidato com os valores do Novo, sua atitude, iniciativa e competência para o cargo que pretendia ocupar. Trazer candidatos sérios e qualificados deveria ser sempre um compromisso de todos os partidos com o eleitor. Portanto, se não encontrarmos candidatos que atendam aos requisitos para determinado cargo, não devemos lançar candidaturas. Esse é um dos nossos grandes desafios na condução do partido.

O principal objetivo perseguido pela maioria dos partidos com a eleição é chegar ao poder, e não necessariamente fazer uma boa gestão pública. Entender essa lógica é fundamental para alterarmos sua dinâmica. Como o voto ainda é direcionado para as figuras conhecidas e populares, as legendas costumam procurar pessoas com esse perfil: os chamados "puxadores de votos". Os diretórios locais são geralmente controlados pelos políticos principais da região, e cabe a eles decidir a chapa, as candidaturas e as coligações. Outro artifício utilizado por esses partidos é que os diretórios são considerados provisórios, e podem sofrer interferências ou ser dissolvidos pelo diretório superior a qualquer momento. Mantém-se dessa forma a decisão centralizada.

No Novo, decidimos implementar um roteiro inovador, a começar pelo fato de que somos o único partido que não tem diretórios provisórios e no qual os mandatários não podem assumir cargos de direção e não interferem na definição de chapas. Realizamos um processo prévio de avaliação de pré-candidatos, que é uma forma democrática de escolha por possibilitar a participação de qualquer pessoa e, ao mesmo tempo, verificar a comunhão de valores e a qualificação desejada para um futuro mandatário. Nessa etapa, o postulante realiza provas on-line e uma série de entrevistas. Em seguida, o pré-candidato segue para as convenções partidárias para ser ou não aprovado, conforme determina o estatuto do partido. O processo seletivo é uma condição necessária para trazermos bons candidatos, mas não suficiente. Como sabemos, sistemas de avaliação devem ser aprimorados constantemente, pois não são infalíveis. Erros ocorrerão. Cabe às lideranças partidárias e filiados fiscalizarem regularmente os candidatos e mandatários, e ao partido reverter, o quanto antes, as decisões equivocadas.

Nas eleições de 2016, acabamos por aprovar apenas uma candidatura majoritária, para a cidade do Rio de Janeiro: Carmen Migueles, empreendedora com mestrado e doutorado em Tóquio, sócia de uma empresa de consultoria, com vasta experiência em gestão pública e privada e professora da Fundação Getulio Vargas. Quando a avisamos que havia sido aprovada no processo seletivo, ela ficou surpresa e preocupada. "Sou professora universitária, não tenho apoiadores nem como captar dinheiro para a campanha." Era uma candidata desconhecida de um partido desconhecido, mas uma pessoa muito séria e extremamente qualificada. Seria uma ótima oportunidade de apresentar nossa proposta, promovendo um debate técnico e bem estruturado, algo que ela já fazia no mundo acadêmico. Carmen continua atuante no Novo, foi candidata a vice-governadora em 2018 na chapa do advogado Marcelo Trindade e atualmente é vice-presidente do conselho curador da fundação do Novo.

Um dos fundadores iniciais do Novo, e amigo da época de colégio, se inscreveu em 2016 no processo seletivo para concorrer ao cargo de prefeito do Rio de Janeiro pelo partido. Apesar da identificação com os valores do Novo, os avaliadores julgaram que sua experiência profissional não o habilitava para assumir a prefeitura e o reprovaram. Coincidentemente, ele havia sido aluno da Carmen e tinha trabalhado na empresa dela como consultor. Pouco tempo depois se desfiliou do partido, migrando para outra legenda, e passou a fazer críticas constantes, que continuam até hoje, a mim e ao Novo. Foi mais um aprendizado: a construção de uma instituição política séria e coerente iria às vezes custar, além de tempo e dinheiro, algumas amizades.

Infelizmente, a grande maioria das pessoas que têm capacidade e competência para representar as ideias do partido e poderiam realizar uma gestão de qualidade ainda é muito refratária a se candidatar. Inúmeras vezes somos cobrados, como instituição, por não termos mais candidatos. Na verdade, como gestores do partido, deveríamos ser cobrados mais pela qualidade dos nomes que lançamos a cada eleição. A cobrança pela quantidade de candidatos deve ser feita majoritariamente à sociedade.

Em 2016, o diretório nacional sofreu uma forte pressão de alguns filiados em São Paulo para que tivéssemos algum candidato à prefeitura da capital paulista, mas ninguém fora aprovado no processo e entendemos que não deveríamos ceder. Liderar, para mim, é saber dizer não. E isso é ainda mais verdadeiro na gestão de um partido político, como pude constatar ao longo dos anos. Dois anos mais tarde, um dos filiados mais atuantes na defesa de uma candidatura em São Paulo se aproximou de mim e reconheceu que a decisão do diretório fora acertada. Em 2020, avalio que fomos menos rigorosos no processo, e a vontade de ter um candidato falou mais alto. Erramos nessa decisão.

A campanha de 2016 foi um grande desafio. Não tínhamos experiência, recursos, nomes conhecidos e quase nenhum tempo de televisão. Só nos restava trabalhar muito, utilizar a marca ainda pouco conhecida do Novo, contar com os voluntários e apoiadores, fazer uso intenso das mídias sociais e sermos criativos.

Lançamos 142 candidatos a vereador nas cinco cidades em que decidimos concorrer. Todos assinaram um compromisso de atuação legislativa. Caso eleitos, deveriam reduzir as verbas de gabinete, limitar o número de assessores, votar contra aumentos de impostos e trabalhar para facilitar a vida do cidadão, combatendo privilégios e a burocracia.

Ao final do pleito, elegemos quatro vereadores, que seriam os primeiros mandatários do Novo em São Paulo, Rio de Janeiro, Belo Horizonte e Porto Alegre, e ficamos muito próximos de conquistar assentos em Curitiba. Foi uma vitória. Nossa proposta de eleger pessoas desconhecidas, mas com base em uma instituição com ideias e valores, sem coligação e sem utilizar dinheiro público, começava a se tornar uma realidade.

Estratégia para 2018

Terminada a campanha de 2016, precisávamos definir nossa estratégia para as eleições de 2018. Em nossa primeira participação em um pleito, o objetivo havia sido mostrar que era possível. Em 2018, teríamos dois grandes desafios: eleger uma bancada federal e tornar o Novo mais conhecido nacionalmente. Nossa lógica era a de que precisávamos fazer mudanças profundas no modelo de Estado brasileiro, que se mostrava, e hoje se comprova, inviável. Isso demandaria reformas estruturais que seriam debatidas e aprovadas pelo Legislativo. A presença no Congresso seria fundamental. Por outro lado, o partido precisaria divulgar suas ideias, atrair mais filiados e assim crescer de forma consistente. Nesse sentido, as eleições presidenciais seriam uma oportunidade imperdível.

No final de 2016, nos reunimos e batemos o martelo: nosso foco seriam candidaturas para a Câmara dos Deputados e à Presidência da República. Abriríamos processo seletivo para governador nos estados onde estivéssemos mais estruturados, e naqueles em que aprovássemos candidaturas majoritárias buscaríamos também candidatos ao cargo de deputado estadual.

O ano havia sido difícil para o País em termos econômicos e políticos. O PIB novamente apresentara um declínio, dessa vez de 3,3%, e, em conjunto com a queda de 2015, representava a pior recessão da nossa história. Com baixo apoio popular e sob a acusação de improbidade administrativa, com as famosas "pedaladas fiscais", a presidente Dilma Rousseff foi retirada da Presidência em um processo de impeachment, no meu entender legítimo, e foi substituída por seu vice, Michel Temer. A Operação Lava Jato continuava desbaratando os enormes esquemas de corrupção na área pública, em especial na Petrobras, e explicitando a participação criminosa de inúmeros políticos e alguns grandes empresários. O ex-presidente Lula, hoje solto pela decisão do STF (que entendeu que a pena só poderia começar após se esgotarem todos os recursos do processo), havia sido, em 2017, condenado pelo juiz Sergio Moro a nove anos de prisão pelos crimes de corrupção passiva e lavagem de dinheiro.

Nesse cenário, em 2017, avaliamos que havia um desejo de renovação política e uma enorme rejeição, por parte da sociedade, ao Partido dos Trabalhadores. Precisávamos trazer pelo Novo pessoas qualificadas para concorrer e que fossem capacitadas a realizar uma gestão diferenciada na área pública. Meu papel como presidente do partido seria identificar e convencer bons quadros a se candidatarem, lembrando sempre que eles passariam ainda por um processo seletivo e pelas convenções partidárias previstas no estatuto. Um dos requisitos para ser candidato a um cargo majoritário era comprovar um período mínimo de dez anos de experiência em gestão.

Meu foco inicial era a busca de um candidato à Presidência. A tarefa se mostrou dificílima, e quando vejo hoje as pesquisas eleitorais para 2022 fica claro que temos uma enorme escassez de lideranças.

O trabalho de encontrar um candidato começou já no final de 2016. Pautados pela proposta do partido, procurávamos lideranças com qualidades que considerávamos fundamentais para o cargo — pessoas que compartilhassem dos princípios e valores do Novo, fossem sérias, de reputação ilibada e reconhecidas por sua liderança e desempenho nas atividades que realizavam. Além desses atributos, seria necessário ter disposição para uma campanha com poucos recursos, baixa exposição na mídia e o ambicioso objetivo de divulgar o partido por todo o Brasil. Não precisaria ser uma figura pública, mas sabíamos que, se os critérios anteriores fossem atendidos, esse fato nos ajudaria.

Conversamos muito dentro do partido, e o nome do Bernardinho, ex-técnico da seleção brasileira de vôlei e medalhista olímpico, foi uma unanimidade. Filiado ao Novo desde o início de 2016, é um líder com sucesso na montagem de equipes, empreendedor, totalmente afinado com as ideias do partido e alguém comprometido e preocupado com o futuro do País. Tínhamos três grandes desafios: convencê-lo a entrar na vida pública, obter o apoio familiar e definir com ele um plano para lidar com os graves problemas do Brasil.

Eu já conhecia Bernardinho como técnico campeão de vôlei, mas nunca havia tido nenhum contato pessoal com ele até 2014, quando fomos apresentados por um amigo em comum. O Novo ainda estava em busca do registro, e ele havia sido convidado pelo PSDB para sair candidato ao governo do Rio de Janeiro. Conversamos sobre o assunto, e o incentivei a ter uma atuação política. Minha tese era a de que a entrada de pessoas admiradas como ele na política ajudaria o processo de conscientização da sociedade sobre a importância da participação efetiva.

Embora a ideia não tenha prosperado, a simpatia e a amizade entre nós estavam estabelecidas. Conversamos novamente em 2016, quando ele se filiou ao Novo, sobre uma eventual candidatura à prefeitura do Rio. Mas seria impossível, pois aconteceriam as Olimpíadas na cidade praticamente na mesma época da campanha eleitoral, e ele dirigiria a seleção de vôlei masculino.

Em 2018, seria o momento. Foram meses de conversa, e em alguns momentos ele dava sinais positivos, mas em outros voltava atrás. A resistência familiar, o medo da exposição e os desafios relacionados à política pesavam na sua decisão. Começamos a pensar em outros nomes, mas não conseguimos chegar a nenhum que conjugasse a disposição para sair candidato com a qualificação que desejávamos para representar o partido. Não queríamos alguém que apenas tivesse coragem para se candidatar, vontade de governar e habilidade de falar em público. Era preciso ter qualificação, experiência em gestão e um histórico de realizações.

No final de 2016, fizemos uma reunião com os responsáveis pelos diretórios estaduais do Novo e compartilhamos a estratégia para 2018. Durante o encontro, o presidente do diretório de São Paulo me abordou com um pedido inesperado:

— João, você promete que se não tivermos um candidato você sai pelo partido?

— Não será necessário, teremos um candidato.

— Mas se não tivermos, você sai?

Pensei por alguns segundos e respondi que sim. O compromisso estava assumido, mas naquele momento essa hipótese me parecia extremamente remota.

Em maio de 2017, nossa leitura já era mais pessimista em relação à participação do Bernardinho no pleito e não havíamos encontrado outro possível candidato para concorrer à presidência do Brasil. Fazia sete meses que estávamos atrás de alguém que estivesse alinhado aos valores do Novo.

Foi então que o diretório começou a cogitar o meu nome. Ricardo Taboaço foi o primeiro a falar comigo: "Você vai ter que ser candidato". Mas eu era presidente do partido, não podia me candidatar. Pelo estatuto, deveria deixar o cargo até a primeira semana de agosto para poder concorrer. Sugeri que esperássemos até esse limite. Mas a preocupação com a ausência de um nome era generalizada.

Não estava nos meus planos ser candidato — sempre me vi como um gestor do partido. Ainda estávamos formando a cultura da instituição, e minha avaliação era de que havia muito trabalho a ser feito. Mas também julgava que, no estágio em que o partido estava, participar da corrida eleitoral era uma forma de divulgar nossas ideias e valores. O Novo não poderia deixar de ter um candidato à Presidência no pleito de 2018.

Como em situações anteriores na minha vida, não demorei a tomar uma decisão. Fiz uma análise objetiva e minha conclusão foi que, naquele momento, minha maior contribuição para o Novo seria como candidato. Não era uma decisão sobre querer ou não me candidatar, mas sim sobre algo que precisava ser feito. Encararia como mais uma missão que precisava ser cumprida. O que mais me preocupava era a exposição da minha família.

Estava conversando com a Rosa no escritório do Novo sobre a dificuldade para definir um candidato e disse que eu concorreria à presidência caso não encontrássemos ninguém. Rosa parou o que estava fazendo e me olhou, assustada: "O quê?". Talvez eu devesse ter introduzido o assunto de outra maneira, mas, como ela sempre me apoia, pensei que dessa vez não seria diferente. De fato, ela não se opôs, apesar da grande surpresa inicial. Rosa não imaginava que isso pudesse acontecer. Eu respondi que também não. Fomos nos acostumando à ideia juntos. Ana Luiza e Mariana apoiaram a ideia prontamente; já Maria Fernanda, que tem um temperamento mais parecido com o da mãe, ficou preocupada. Mas depois, como sempre, embarcou com muita disposição em mais esse projeto da família.

Em 30 de junho de 2017, poucos dias antes da data limite para me afastar da direção do partido, apresentei minha renúncia ao cargo de presidente. Cumpria, assim, o previsto no nosso estatuto e estava apto a submeter o meu nome ao processo seletivo do Novo para concorrer à Presidência da República pelo partido. Mesmo assim, minha ideia ainda não era oficializar a candidatura — nós continuaríamos a conversar com Bernardinho e a procurar alternativas além dele. Ricardo Taboaço assumiu em meu lugar a presidência do Novo, mas por falta de disponibilidade de tempo logo retornou à vice-presidência do partido, sendo substituído por Moisés Jardim.

No mesmo dia, fizemos uma live na página do Novo no Facebook a fim de anunciar a minha saída para, eventualmente, ser candidato. Reforcei que isso aconteceria caso não encontrássemos alguém até o final do ano. Assim que encerrei a transmissão, recebi várias mensagens de apoio. Eu explicava que era uma decisão apenas para me colocar como eventual opção, mas que continuaríamos buscando um nome.

Conversei depois com várias pessoas, que entendia serem relevantes, para ouvir opiniões e conselhos de diferentes perspectivas. Todos esperavam que eu fosse o pré-candidato do Novo. Julgavam que, como fundador e idealizador, seria a pessoa ideal para expor as ideias, os princípios e as propostas do partido. "Esteja preparado para não se frustrar com a votação recebida", foi o alerta que recebi de uma pessoa com grande experiência na mídia.

Bernardinho desistiu. Nosso plano, então, era tentar convencê-lo a se candidatar ao governo do Rio. De minha parte, estava decidido: participaria do processo de avaliação para ser candidato à Presidência da República, apresentaria o meu nome na convenção nacional do partido e, se aceito, oficializaria minha candidatura.

13.
O desafio de ser candidato

A PARTIR DE SETEMBRO DE 2017, apesar de a candidatura ainda não estar oficializada, comecei a fazer o meu planejamento. Era um desafio muito diferente daqueles que havia enfrentado no decorrer da minha vida, mas segui meu roteiro de sempre: definir prioridades, montar uma equipe com os mesmos princípios e objetivos, estabelecer metas, trabalhar muito, rever rapidamente decisões erradas, manter o foco no essencial e encontrar as minhas vantagens competitivas. Eu precisaria implementar todas essas ações de forma rápida e eficiente, pois a jornada era enorme e o tempo, exíguo. A divulgação das ideias e conceitos do Novo seria crucial para a evolução do partido e o meu desempenho seria o principal responsável por isso.

No aspecto pessoal, seria ainda mais firme nos compromissos que havia assumido comigo mesmo desde que resolvi me dedicar à criação do Novo. Não seria uma pessoa diferente do que sempre fui por entrar na política. Não me via fazendo discursos inflamados, com a voz impostada, nem sendo agressivo com a mídia ou com os adversários. Não falaria o que as pessoas gostariam de ouvir, mas aquilo em que acredito.

Nas eleições de 2014, assistindo à entrevista dos postulantes à Presidência da República no *Jornal Nacional*, me chamou a atenção o fato de que todas as perguntas tinham como único objetivo explicitar a incoerência dos candidatos em diversas situações. Na época, pensando sobre a participação do Novo em uma eleição presidencial, concluí que a missão do nosso candidato teria de ser deixar a dupla de entrevistadores com dificuldades para encontrar incoerências.

Em uma das minhas primeiras reuniões sobre campanha eleitoral, ouvi de um profissional experiente que eu deveria estar atento a dois indicadores importantes. O primeiro era a quantidade de pessoas que me reconheceriam nas ruas — na banca de jornal, no aeroporto, por exemplo —, e o outro era o número e a frequência de ataques que passaria a sofrer dos concorrentes. "Quando isso acontecer, será um bom sinal. Estará incomodando e já terá alguma relevância." Os dois parâmetros são lógicos, mas demonstravam o tamanho do desafio que eu enfrentaria. Nunca havia sido figura pública, não gosto de exposição, e, como bem disse minha irmã Luiza, quando soube da minha candidatura: "João, mas nem o pessoal do seu prédio te conhece".

Comecei, em setembro de 2017, a execução do meu planejamento. Conversei com a Leniza, que me assessora desde 2004, e contei que era bem possível que viesse a ser candidato. Ela seria indispensável, pois tem muita iniciativa, conhece minhas rotinas e se antecipa na solução de problemas. Ela tomou um susto com a novidade e sorriu. Era de fato uma notícia inesperada para quem me conhece.

Naquele momento, era preciso cumprir a primeira etapa e passar a ser conhecido. Eu sabia que, por vir de um partido estreante na política, sem figuras conhecidas e com baixos índices nas pesquisas de intenção de voto, teria uma cobertura muito pequena por parte da imprensa. Para tentar ampliar o meu alcance, recorri às mídias sociais, como havíamos feito na construção do Novo. Naquele mesmo mês de setembro, criei uma página pessoal como figura pública no Facebook. Durante anos, havia administrado, postado e respondido inúmeros comentários da página do Novo, e estava familiarizado com a ferramenta, que seria o nosso principal canal de divulgação.

Chamei Ana Luiza, minha filha mais velha, formada em engenharia ambiental, e Daniel Guido, que havia já trabalhado com o Novo na área de comunicação, para me ajudarem. Estabelecemos como meta terminar o ano com 300 mil seguidores na minha página. Era um número desafiador, mas muito distante dos principais políticos que provavelmente concorreriam em 2018. Marina Silva e Jair Bolsonaro, por exemplo, tinham respectivamente cerca de 2 milhões e 5 milhões de seguidores.

Quanto aos eventuais ataques que viessem a acontecer, minha principal defesa seria a coerência. Infelizmente, eles foram constantes, crescentes e mais agressivos na fase final da campanha. Eu não contava com ataques via fake news que proliferaram nessa última etapa, e ainda permanecem. Até hoje, quando uma postagem minha recebe mais de 20 mil comentários, com inúmeras agressões, lembro-me do ensinamento da primeira reunião sobre campanha: os ataques são sinal de relevância, de que estou incomodando. Mesmo assim, lamento que não tenhamos avançado no debate de ideias na política.

Em 18 de novembro de 2017, no encontro nacional do Novo, fui lançado como pré-candidato à Presidência da República pelo partido, mas ainda teria que ser aprovado pela convenção nacional no ano seguinte. No evento, transmiti um vídeo motivacional que deixava uma mensagem de esperança. Mostrava a corrida de oitocentos metros rasos nas Olimpíadas de Munique em 1972, na qual o atleta vencedor correu usando um boné branco. Ele ficou atrás durante toda a prova e na reta final avançou, ultrapassando todos os demais competidores. Quando o vídeo terminou, eu apareci com um boné branco. Sabia que seria muito difícil chegar ao segundo turno, mas temos que sonhar alto e acreditar no impossível. A partir dali, em inúmeros eventos dos quais participei, presenciei várias pessoas utilizando um boné branco. São lembranças que sempre irão me acompanhar.

O desafio seria gigantesco, sem dúvida. Os doze meses seguintes seriam muito diferentes de tudo que eu já havia vivido. Tornar-se uma figura pública em um país da dimensão do Brasil em pouco tempo não seria nada trivial. Não tinha dúvidas de que precisaria de muito planejamento, determinação, uma boa equipe e o entusiasmo dos voluntários do Novo.

Passei a virada do ano tentando imaginar o que teria pela frente e o roteiro que deveria seguir. Pelas minhas características pessoais, pela formação de engenheiro e pela criação disciplinada que tive, sou uma pessoa de execução, sem muita intimidade com questões subjetivas. Na verdade, como candidato estreante, ainda não tinha a menor noção do que enfrentaria, mas isso não era relevante. O foco no momento seria na execução.

No fim do ano, jogando vôlei na areia com as minhas filhas, torci o pé. Apesar da dor inicial, julguei que ficaria logo bom. Infelizmente isso não aconteceu. Acabei por marcar uma consulta e, depois de alguns exames, o médico me recomendou que andasse pouco, evitasse ficar muito tempo em pé e iniciasse sessões de fisioterapia. Minha rotina, contudo, estaria na contramão de tudo isso. Havia planejado realizar apresentações do Novo pelo Brasil, o que implicava longas caminhadas pelos aeroportos e cidades, muito tempo em pé e uma agenda que me impedia de fazer fisioterapia com regularidade. Obviamente o edema só piorou, o que me obrigou a passar a utilizar uma bota de imobilização e, em alguns dias mais críticos, Rosa me empurrava em uma cadeira de rodas nos aeroportos. Como cumpri o meu cronograma de apresentações e não dei a devida atenção à lesão, o resultado foi que só consegui voltar a correr no final de 2019.

Até o início de agosto de 2018, eu poderia me apresentar, difundir minhas ideias e propostas para o Brasil, mas não poderia, de acordo com a legislação eleitoral, fazer nenhuma menção a pedido de votos ou qualquer outra ação que caracterizasse propaganda antecipada. A campanha eleitoral propriamente dita só pode ser realizada nos 46 dias que antecedem o pleito. Julgo esse sistema prejudicial ao cidadão e ao nosso processo democrático. Identifico nele dois grandes problemas. Primeiro, há uma enorme zona cinzenta entre o que é campanha e o que se considera pré-campanha. Isso provoca várias batalhas jurídicas, trazendo custos para as candidaturas e ônus para os tribunais eleitorais. O segundo problema é que a regra dificulta a alternância de poder. Candidatos iniciantes e desconhecidos, como era o meu caso e de tantos outros quadros do Novo, com tão pouco tempo de campanha, têm uma enorme desvantagem em relação aos políticos tradicionais. Isso é injusto e prejudica a democracia.

Tive contatos iniciais com alguns marqueteiros, mas a lógica de transformar o candidato em um produto moldado pelas pesquisas e os valores cobrados pelo serviço logo me fizeram desistir da ideia de contratar alguém com esse perfil. Decidi também não gastar dinheiro com as pesquisas eleitorais. Os investimentos eram elevados, não teriam muita utilidade prática, ao menos no meu caso. As principais pesquisas de intenção de votos eram públicas, e eu poderia acompanhar meu desempenho sem custo nenhum — só não teria acesso às pesquisas qualitativas que identificam quais são os temas relevantes para o eleitor e como ele entende a mensagem transmitida pelo candidato. Esses resultados são utilizados para ajustar a forma e o conteúdo do discurso de campanha, mas eu não pretendia alterar os conceitos que gostaria de divulgar nem a minha maneira de falar.

Recebi algumas recomendações para realizar um *media training*, treinamento para lidar com a imprensa e conceder entrevistas. Certamente eu tinha aspectos a melhorar, pois não tinha experiência em falar em público. No meu histórico profissional, nunca fui palestrante e tive poucos contatos com a imprensa. Isso mudou quando assumi a presidência do partido, mas ainda em uma escala bem menor do que teria de enfrentar na campanha. Cheguei a me inscrever em um curso, comprei um pacote com algumas aulas, mas fui apenas à primeira e nunca mais apareci. Infelizmente, não tive tempo. Os eventos, as entrevistas, o trabalho na análise e elaboração de propostas de governo tomaram a minha agenda. Precisaria melhorar no dia a dia com a prática. Não havia alternativa.

Constatei que uma campanha eleitoral é um grande negócio, e os valores envolvidos me pareciam exorbitantes. Concluí que o fato de o dinheiro ser fácil, vindo dos cofres públicos, causa esse tipo de distorção, financiando campanhas políticas milionárias totalmente incoerentes e incompatíveis com a renda média do brasileiro, que arca com essa conta. Dois exemplos ilustram bem esse cenário. Geraldo Alckmin, candidato pelo PSDB, gastou 52 milhões de reais entre Fundo Partidário e Fundo Eleitoral, e Ciro Gomes, pelo PDT, despendeu na sua campanha 24 milhões de reais, sendo 22 milhões do Fundo Eleitoral. Mas, como dizia Margaret Thatcher, ex-primeira-ministra do Reino Unido: "Não existe essa coisa de dinheiro público. Existe apenas o dinheiro do pagador de impostos".

Como pré-candidato, recebi muitas propostas de prestação de serviços, recomendações de abordagens, indicação de segmentos para atuar e ideias para planos de ação, mas acreditava que, assim como nas outras frentes nas quais havia empreendido, o segredo era ter foco, acertar na execução e traçar uma estratégia compatível com as minhas vantagens competitivas. Ao longo do tempo, fui descartando quase a totalidade dessas ofertas. Eu me concentraria no que julgava essencial: tornar as ideias do Novo conhecidas pela maior quantidade de pessoas e com o menor custo possível.

Ao time inicial, formado por Ana Luiza e Daniel Guido, juntaram-se Otavio Cabral, que seria meu assessor de imprensa, e Fred Luz, ex-vice-presidente do Flamengo, que coordenaria a equipe. O Fred estava no processo seletivo para ser candidato a deputado federal pelo Novo, mas decidiu adiar o projeto e me ajudar na pré-campanha. No fim, consegui ainda um reforço de peso. Gustavo Franco, um dos idealizadores do Plano Real, que estava na fundação do Novo, uniu-se ao grupo para me auxiliar na elaboração do plano de governo. O alinhamento de princípios, ideias e objetivos entre todos foi fundamental para formarmos a equipe e avançarmos.

Nossa estratégia estava orientada para as mídias sociais, participação em entrevistas e eventos de apresentação. Essa seria nossa largada. Entendi que as ações de rua deveriam acontecer depois, quando eu fosse minimamente conhecido. Caso contrário, seriam ineficientes. Em todas essas frentes. o objetivo era alcançar o maior número de pessoas. Ana Luiza, Guido e Otavio trabalhavam comigo nas mídias e na definição da agenda.

Participei ao longo do ano de vários momentos marcantes, e foi surpreendente o crescimento de seguidores nas minhas páginas nas mídias sociais e como fui me tornando conhecido, mesmo que com uma pequena cobertura da grande imprensa. No início de 2018, dei uma entrevista ao *Pânico*, da Jovem Pan. Foi uma conversa descontraída e que me proporcionou uma ótima exposição. Nasceu ali, por acaso, a frase que eu viria a utilizar na minha propaganda eleitoral. Falávamos sobre o horário na televisão, a que os partidos políticos têm direito. Apesar de ser chamado de gratuito, está vinculado a uma renúncia fiscal feita pelos cofres públicos para as redes de televisão, e representa um custo de aproximadamente 900 milhões de reais para o cidadão. No Novo, somos contra essa benesse de tempo de propaganda para os partidos.

Comentei que provavelmente eu teria menos de dez segundos no horário eleitoral, e um dos entrevistadores imediatamente me questionou: "E o que você irá dizer nesses menos de dez segundos?". Fui pego de surpresa, pois ainda não havia pensado sobre o assunto. Estávamos a meses do início da propaganda eleitoral, mas a coerência me ajudou e logo respondi: "Se depender do Novo, essa é a última vez que você verá o horário eleitoral gratuito". Adotamos a frase e a utilizamos meses depois durante a campanha.

São inúmeras as lembranças de eventos na fase de pré-campanha, mas certamente algumas ficarão para sempre na minha memória. Em abril, fui participar do Fórum da Liberdade, em Porto Alegre. O tradicional evento existe há cerca de trinta anos e, naquele ano, contaria com 3 mil participantes, tendo como tema "A voz da mudança". Estariam presentes, além de mim, outros pré-candidatos: Ciro Gomes, Henrique Meirelles, Marina Silva, Flavio Rocha e Geraldo Alckmin. Jair Bolsonaro estava confirmado, mas não compareceu.

Ao chegar ao local, tive uma recepção memorável organizada pela turma do diretório do Novo, inúmeros apoiadores me aguardavam usando uma máscara com o meu rosto e gritando meu nome. Caminhamos juntos até a entrada do evento, que estava lotado. Foi emocionante, e guardo a máscara até hoje como lembrança desse dia.

Seria o meu primeiro encontro com outros pré-candidatos, todos eles já com grande experiência na política e na prática de palanque. Não seria um debate — cada um teria quinze minutos para falar e depois mais dez para responder as perguntas. Ao chegar, descobri que seria o primeiro. Estava apreensivo e ansioso.

No curto tempo disponível, expus a minha visão sobre o Brasil e os caminhos que acredito deveríamos seguir. Reproduzo aqui trechos do que falei naquele dia, que serviram de base para a elaboração do meu programa de governo:

Queria também saudar os demais pré-candidatos, pois acredito que todos nós queremos o melhor para o Brasil. O que iremos hoje discutir, e aí estão as nossas divergências, é o caminho para que isso ocorra.

A construção de uma nação próspera e sustentável demanda o protagonismo e a liberdade do cidadão e exige dos futuros representantes: a verdade e a coerência. Vou trabalhar por um Brasil livre. Livre de impunidade, livre do peso do Estado e que coloque o cidadão no centro da decisão.

Temos um Estado que dá auxílios para quem menos precisa, benefícios para quem menos merece e tributa quem mais trabalha. Nosso modelo de Estado é um grande concentrador de renda e funciona como um Robin Hood às avessas: tira dos mais pobres para dar para os mais ricos. Ele não serve aos interesses do brasileiro, mas a quem está no poder.

Não aguentamos mais este Estado intervencionista, que impede o livre mercado, atrapalha o empreendedor e institui o capitalismo de Estado, um modelo fracassado, pois quem escolhe os vencedores não é mais o consumidor, mas sim alguns políticos de Brasília. Não aguentamos mais este Estado paternalista, que tenta nos proteger de nós mesmos e não nos protege de terceiros. Ficamos assim sem liberdade e sem segurança. Não aguentamos mais este Estado que tenta ser empresário, administrando exploração de petróleo, instituições financeiras, entrega de correspondências, mas não consegue prover um atendimento digno na saúde e uma educação básica de qualidade. Não aguentamos mais um governo que fecha o Brasil para o mundo e assim impede a inovação, condenando a nossa nação ao atraso.

Este modelo precisa ser modificado, mas a conclusão é óbvia: dificilmente aqueles que se beneficiam deste sistema e de seus privilégios estarão dispostos a alterá-lo. Precisamos de líderes que façam o diagnóstico correto, que não se utilizem do sistema atual e que tenham a coragem de dizer a verdade. Diferente do que nos é vendido, o Brasil não precisa de um Estado grande porque é pobre. Ele é pobre justamente por ter um Estado grande.

E como mudar esse quadro para melhorar a vida das pessoas? Essa foi a pergunta que eu me fiz em 2009 e a minha conclusão foi: o caminho é a renovação da política. Com novas práticas, novos conceitos e novas lideranças.

A crença nos brasileiros, o desejo de morar no meu país e a vontade de deixar uma nação melhor para as próximas gerações foram as minhas motivações para entrar na política em 2010, com a construção do Novo. O Novo foi o único partido criado nos últimos anos sem ser oriundo de agremiações religiosas, movimentos sindicais ou dissidências políticas. O partido nasceu com o DNA da inovação. Para funcionar de forma diferente de todos os demais.

E no que eu acredito e utilizarei para definir os meus posicionamentos: no Estado de direito, onde todos são iguais perante a lei; nas instituições e não em um salvador da pátria; na coerência: devemos ser um exemplo do que pregamos; no protagonismo do cidadão: cada um de nós sabe melhor do que ninguém o que fazer com as nossas vidas e com o nosso dinheiro; que é impossível termos uma sociedade próspera e combatermos a pobreza se a máquina pública nos impede de gerar riqueza; na educação e na liberdade como criadoras de oportunidade; na valorização do sucesso e não do vitimismo; que o combate à corrupção se faz com o fim da impunidade e com a redução do escopo de atuação do Estado; que a melhor forma de melhorar a gestão dos serviços públicos é delegar a sua administração para a iniciativa privada; que o combate à pobreza se faz com criação de riqueza e não com a sua distribuição; que a melhor vacina contra um Estado intervencionista, que limita a nossa liberdade, concentra renda e piora a qualidade de vida da grande maioria dos cidadãos, especialmente os mais pobres, é o capitalismo — talvez por isso ele seja tão sabotado por vários dos nossos políticos; e que devemos atuar sempre com visão de longo prazo, evitando os atalhos.

É com essas premissas que eu pretendo trabalhar para construir o Brasil que queremos. Um país seguro, onde a vida e a propriedade sejam garantidas. Um país simples, com menos burocracia, e um país livre, onde as pessoas tenham liberdade, oportunidade e sejam protagonistas das suas vidas.

Toda a crise política, econômica e a Operação Lava Jato aumentaram em muito o nosso entendimento sobre o funcionamento da máquina pública, a atuação de parte da classe política, e deixaram clara a necessidade de renovação. Não apenas de nomes, mas das práticas e dos conceitos.

Esse auditório lotado hoje e os inúmeros jovens com quem tenho conversado por todo o Brasil me deixam muito otimista em relação ao futuro do nosso país. A mudança que queremos já está em curso. A velocidade dependerá da nossa participação, do nosso engajamento. Devemos ser protagonistas, assumindo as nossas responsabilidades, fortalecendo as instituições e evitando os atalhos.

Tive o privilégio de falar para um público que compartilhava as minhas ideias sobre o liberalismo e o papel do Estado, que aplaudiu, entusiasmado, ao final da apresentação. Estava aliviado e feliz. A agenda de pré-campanha era intensa. Eu cumpria uma rotina constante de viagens conjugadas com entrevistas. Naquele ano, passei por quase todos os estados do Brasil, onde realizei apresentações e encontros (só não estive no Acre, Tocantins, Amapá e Roraima). Fui convidado também a participar de eventos com outros pré-candidatos à Presidência em que apresentávamos propostas sobre temas específicos para o País, mas não eram debates. Gostava de estudar sobre a realidade de cada estado que visitava e de me preparar com alguma profundidade sobre todos os temas que seriam discutidos. Era um desgaste adicional, mas me deixava seguro. Acredito ser essa a obrigação de um gestor público: conhecer os dados e os problemas do Brasil. Só assim será possível elaborar as soluções adequadas.

O patrimônio e o salto nas mídias sociais

A legislação eleitoral obriga a divulgação do patrimônio dos candidatos. Desde que aceitei participar, já imaginava que esse seria um momento delicado. A imprensa sem dúvida iria explorar o valor do meu patrimônio. No Brasil, a pessoa que acumula riqueza é normalmente retratada como alguém que não se preocupa com os mais pobres, pelo simples fato de não sê-lo. E não raro passa-se a imagem de que ela ficou rica graças à pobreza de muitos. Um bom exemplo disso são as telenovelas brasileiras, em que o empresário é sempre representado por alguém ganancioso, inescrupuloso e egoísta.

No meu entender, esse é um dos pontos que precisamos mudar radicalmente na nossa cultura. Se queremos construir uma nação próspera, devemos exaltar quem empreende e admirar seu sucesso. A crença de que várias pessoas precisam ficar pobres para que alguém fique rico é completamente equivocada. O que acontece é justamente o contrário. Alguém que constrói riqueza empreendendo ou inovando poderá tirar milhares de pessoas da pobreza. Bill Gates, por exemplo, ficou bilionário gerando empregos e melhorando a vida de milhões de pessoas. O indivíduo atuando em um ambiente de livre mercado constrói riquezas.

O que devemos evitar, e isso sim deve ser criticado e punido, é a riqueza obtida graças a favores do Estado, a benesses, a privilégios vindos da área pública e da corrupção. Nesse caso, sim, acaba havendo uma transferência dos mais pobres para os mais ricos. No Brasil infelizmente isso acontece com frequência e explica, na minha visão, por que a riqueza e o sucesso são tão malvistos. O que está errado e deve ser combatido é a forma injusta ou ilícita como algumas pessoas acumularam suas riquezas. Nesse sentido, a Lava Jato foi importante para colocar bilionários conhecidos na cadeia e separar o empresário inovador daquele que enriqueceu por ser "amigo do rei".

Nesse cenário, um candidato que apresentasse um patrimônio elevado estaria sujeito a sofrer críticas na mídia. Além disso, o fato poderia ser utilizado pelos adversários para semear a desconfiança na população. Dentre os candidatos à Presidência, eu e Henrique Meirelles, do MDB, com certeza apresentaríamos declarações de renda substancialmente superiores às dos demais. Éramos os únicos com história de sucesso profissional na iniciativa privada.

Com a repercussão na mídia do patrimônio dos candidatos do Novo aos governos de Minas Gerais e Rio de Janeiro, Romeu Zema e Marcelo Trindade, já podia imaginar o que enfrentaria quando o meu fosse divulgado. Minha única preocupação era quanto à segurança da minha família, por vivermos em um país com altos índices de criminalidade.

SEM ATALHO

Meu patrimônio tornou-se público no dia 13 de agosto. Nesse mesmo dia, cheguei a Curitiba, onde participaria de um evento à noite para 2 mil pessoas, e fui direto para uma coletiva de imprensa. O primeiro questionamento era, obviamente, sobre a minha declaração de renda. A pergunta veio como uma provocação e em tom de confronto. Estava muito seguro e, provavelmente, ao contrário do que o jornalista esperava, respondi de forma orgulhosa e firme. Afinal, era a verdade. "Vejo esse fato como muito positivo. Tudo que tenho foi fruto do meu trabalho. Tive uma boa educação, mas as conquistas todas foram consequências da minha dedicação e determinação."

Disse aos jornalistas que algumas pessoas até me consideravam insano, pois poderia estar de férias em qualquer lugar do mundo, mas estava me dedicando ao Brasil. Fazia oito anos que vinha trabalhando para a divulgação do Novo, utilizando sempre recursos próprios. Meu objetivo na política era muito diferente do que muitas vezes se via, com exemplos de pessoas que entram na vida pública e enriquecem. Eu estava trilhando outro caminho: havia resolvido devolver para a sociedade uma parte do que havia ganhado com o meu esforço ao longo da vida. A divulgação de um patrimônio elevado era uma demonstração também de transparência. Esperava que minha atitude servisse de exemplo para que outras pessoas bem-sucedidas viessem para a vida pública.

Dei respostas semelhantes a essa inúmeras outras vezes, quando fui questionado por jornalistas sobre a questão patrimonial. A grande divulgação desse fato pela imprensa foi extremamente positiva e aumentou de forma exponencial a minha relevância. O reflexo nas mídias sociais foi gigantesco. Em julho de 2018, o verbete mais procurado na Wikipédia Brasil havia sido "Copa do Mundo" e, em agosto, foi "João Amoêdo". Nesse mesmo mês, a minha página no Facebook foi a que mais cresceu no Brasil e, durante quatro dias, uma das que mais cresceram no mundo.

Terminei a campanha feliz. Espero que minha participação na política possa atrair novos quadros, que tenham como objetivo servir ao cidadão e promover oportunidade para todos. Só assim teremos uma sociedade justa que valoriza o esforço e o sucesso.

A imprensa e os debates

A mídia tradicional ainda exerce um papel importante nas eleições, e sua atuação pode ser determinante para um voto mais consciente e, como consequência, um país melhor.

Ao longo do tempo, fui identificando o comportamento e a diferença de postura de alguns dos principais veículos de comunicação em relação ao Novo e a mim. Talvez por ser um partido iniciante, nunca tivemos grande apoio ou destaque, mas era possível distinguir os órgãos de imprensa que faziam uma cobertura mais equilibrada daqueles que tinham um viés mais explícito. Para esse grupo, fatos sobre o partido que poderiam causar polêmica eram excessivamente expostos, muito mais do que o necessário para manter o público informado. Por outro lado, iniciativas positivas, que poderiam servir de exemplo para a população, eram pouco exploradas. Por isso, as mídias sociais são uma importante alternativa para divulgação das nossas ideias. Os perfis oficiais do Novo, assim como de seus mandatários e candidatos, sempre foram usados como canais para esclarecer inverdades ou imprecisões nas informações que circulavam — e ainda circulam — sobre o partido.

Em algumas entrevistas, eu notava que a intenção do repórter não era buscar informação ou levar ao leitor as propostas que tínhamos para o Brasil, mas apenas abordar algum assunto polêmico e depois publicar minha resposta fora de contexto. A tese de que eu gostaria de acabar com o sus, o que não tem nenhum fundamento, foi um bom exemplo de distorção da minha fala. Advogo apenas uma melhor gestão do sistema de saúde para o cidadão. O aprendizado para minimizar esse tipo de situação vem com a experiência.

Em maio, fui convidado para participar do programa *Roda Viva*, da tv Cultura, como todos os demais pré-candidatos. Seria quase uma hora e meia de exposição na televisão com alcance nacional. Eu e a equipe decidimos que seria importante fazermos uma preparação especial para a entrevista. Nunca havia feito esse tipo de exercício antes. Passei o domingo, véspera do programa, com o time de comunicação, debatendo alguns temas que julgava relevantes para o País. Não voltei mais a repetir esse procedimento. Minha avaliação foi de que ele me cansou mais do que me acrescentou.

Na segunda-feira, ao término do programa, estava tranquilo e relativamente satisfeito com meu desempenho. Havia me sentido seguro, mesmo naquele formato que coloca o entrevistado em uma cadeira giratória, no centro do cenário, em um nível inferior ao dos entrevistadores. Entretanto, recebi feedbacks diversos. Algumas pessoas gostaram muito, enquanto outras acharam minha participação fraca. Na análise que faço, o grupo que gostou se identificou com as ideias, as propostas colocadas em pauta e a forma como me expressei. Já aqueles que ficaram insatisfeitos sentiram falta de uma posição mais combativa de minha parte.

Uma entrevista interessante no meu entender, pela contradição, foi a que concedi a um grupo de jornalistas da Bloomberg. A conversa foi longa, e um dos temas recorrentes era o valor do meu patrimônio, visto como algo negativo. Se na minha opinião isso não tem a menor lógica, naquele canal tinha menos ainda. Afinal de contas, o dono da empresa, Michael Bloomberg, exerceu o cargo de prefeito de Nova York por doze anos e possui um patrimônio pessoal superior a 50 bilhões de dólares.

Já durante o período de campanha, uma das entrevistas que mais me marcaram foi no programa *Band Eleições*. Confesso que estava um pouco preocupado com um dos entrevistadores, Ricardo Boechat. Ele tinha uma personalidade forte e colocações incisivas nos seus programas de rádio, que eu tinha o hábito de ouvir. Fiquei me perguntando se ele buscaria alguma polêmica ou confronto. Mas a entrevista ocorreu de forma tranquila e bastante propositiva. As perguntas, formuladas pela bancada de entrevistadores, procuraram discutir os problemas do Brasil e soluções viáveis. Esse contexto me permitiu explicar e debater vários pontos da minha proposta de governo. Em uma das minhas afirmações quando discutíamos uma reforma política, mencionei que deveríamos reduzir em um terço a quantidade de parlamentares no Congresso, mas imediatamente informei que já havia ouvido isso de outro candidato. Nesse momento, Fernando Mitre, chefe de jornalismo da emissora e um dos entrevistadores, falou algo que me marcou muito: "Outros podem falar com menos credibilidade [...], mas quando o senhor fala está falando sério". Na saída da Band, apesar de ser tarde da noite, fiquei no estacionamento da empresa conversando com o Boechat sobre família, política e os rumos que gostaria que o País tomasse. Foi o nosso último contato e fiquei muito triste quando, menos de seis meses depois, ele veio a falecer em um trágico acidente de helicóptero.

Cada espaço que eu tinha na imprensa e nas redes sociais era precioso. Aproveitava para contrapor minhas ideias às dos outros presidenciáveis, pois eu não participava dos debates eleitorais. De acordo com o artigo 46 da lei 9504, que estabelece as normas para as eleições, emissoras de rádio e TV são obrigadas a convidar os candidatos dos partidos que tenham, no mínimo, cinco parlamentares no Congresso Nacional, entre deputados e senadores. Essa regra é mais uma na direção de impedir a renovação e, assim, dificultar a alternância de poder. Um partido recém-formado, como era o Novo, que participaria das suas primeiras eleições em nível federal em 2018, não poderia ter representantes no parlamento, a não ser que tivesse trazido deputados eleitos de outros partidos — cenário muito improvável, haja vista os compromissos que demandamos de nossos mandatários. Ficamos excluídos dos debates por uma lei que precisa ser revista. Os partidos que estão participando das suas primeiras eleições deveriam ter essa oportunidade. Incentivaríamos a renovação, a competição e a alternância de poder com ganhos para o cidadão. Infelizmente, a maioria das legendas prefere o contrário.

As redes de televisão, entretanto, podem convidar outros candidatos além dos que são obrigatórios, se assim desejarem. Resolvemos organizar uma mobilização para pedir às emissoras a minha participação nos debates. Quando o debate da Band começou a ser anunciado, fiz um post nas minhas redes sociais: "Se você quer que eu participe do debate da Band, pressione nas redes sociais com #JoãonaBand. Se todo mundo pedir, fica mais difícil para a Band dizer não". Em pouco tempo, a hashtag ficou em primeiro lugar entre os assuntos mais comentados do Brasil no Twitter.

Também lançamos um abaixo-assinado on-line no canal Change.org. Conseguimos coletar mais de 1 milhão de assinaturas, e a imprensa começou a noticiar as mobilizações. Nossa estratégia estava dando certo, mas não foi suficiente. Candidatos como Álvaro Dias (Podemos) e Geraldo Alckmin (PSDB) demonstraram apoio à minha participação. Contudo, apenas o primeiro formalizou o apoio através de uma carta enviada às emissoras. Eu estava em sexto lugar nas pesquisas, com 3%

das intenções de voto, praticamente empatado com Marina Silva (Rede).

Apesar de todos os nossos pedidos e da grande pressão popular, acabei não sendo convidado para nenhum debate. Mas certamente havia um interesse em ouvir as ideias que eu propagava. O *Roda Viva* com a minha participação, antes do início da campanha, foi um dos vinte programas mais acessados até hoje no canal do YouTube da emissora. A revista *IstoÉ Dinheiro*, da qual fui capa com uma longa entrevista, foi a edição mais vendida em dezoito meses. Em um evento na FAAP — Fundação Armando Álvares Penteado, em parceria com o *Estadão*, chamado Sabatinas com os Presidenciáveis, que recebeu cada um dos candidatos para expor as suas ideias individualmente, tomei conhecimento de que a minha audiência on-line registrara mais de 16 mil pessoas. A dos demais candidatos, como Ciro, Marina e Meirelles, havia oscilado entre 600 e 1,2 mil espectadores. Por tudo isso, nunca me conformei com a falta de convite das redes de televisão para a minha participação nos debates.

Houve ainda outro episódio que lamentei profundamente. Quando participei do Fórum da Liberdade em Porto Alegre, em abril, os organizadores da edição de São Paulo, que aconteceria durante o processo eleitoral, me entregaram uma carta-convite para que eu participasse de um debate com os demais presidenciáveis. Aceitei prontamente e confirmei a minha ida. Alguns dias antes do evento, porém, fui desconvidado pelos organizadores, que me informaram que um dos candidatos avisara que não iria ao evento caso eu participasse. Nunca chegaram a me dizer de quem havia sido o veto. No fim, Jair Bolsonaro desistiu de ir, e o evento foi cancelado.

14.
A campanha

COMECEI A CAMPANHA EM UM RITMO intenso. Seriam apenas 45 dias, e não existiria sábado nem domingo — todos os dias seriam úteis e otimizar a agenda era fundamental. Minha preferência era sempre por eventos abertos, se possível em universidades, evitando grupos menores ou de algum segmento específico. Quando, por acaso, me reunia com algum determinado setor, fazia questão de deixar claro que era contra qualquer tipo de benefício setorial. A proposta do Novo sempre foi acabar com privilégios, já que eles são pagos de forma compulsória pelo cidadão.

Iniciei essa fase já com algum reconhecimento nas ruas. Apesar de achar estranho, em pouco tempo me transformara em uma figura pública. Certamente a exposição por meio das mídias sociais foi determinante. Eu já era o segundo candidato com a maior quantidade de seguidores no Facebook, atrás apenas de Jair Bolsonaro. O Daniel Guido e a Ana Luiza haviam liderado um pequeno time na comunicação que realizou um trabalho excepcional. Terminei a campanha com mais de 3 milhões de seguidores no Facebook, 800 mil no Instagram e um engajamento muito elevado nas redes.

Passou a ser comum eu entrar no táxi, ser reconhecido e ter conversas como esta que travei com o Abel a caminho do aeroporto de Congonhas: "Seu João, está muito corrida a campanha? Lá em casa o senhor vai ter 36 votos da minha família. Conheci pela informática", ele disse, referindo-se à internet. Eu sempre tinha curiosidade em saber como as pessoas haviam conhecido o Novo e a minha candidatura. A naturalidade dos depoimentos me impressionava, e eu não perdia a chance de pegar o celular, pedir autorização e gravar um vídeo da nossa conversa. Esse tipo de abordagem se repetia em vários locais, mesmo fora do eixo Rio-São Paulo.

A agenda de viagens, entrevistas e gravações dos programas eleitorais consumia integralmente o meu tempo. Sempre que possível, minhas filhas me acompanhavam, como no dia em que fui gravar o vídeo para o programa eleitoral da televisão. Minha estimativa, no início do ano, de que teria perto de dez segundos de exposição fora otimista — seriam apenas cinco. Mas foi o bastante para que eu pudesse utilizar a frase: "Se depender do Novo, essa será a última vez que você verá o horário eleitoral gratuito na sua vida". Tive apenas que treinar algumas vezes a velocidade da minha fala para cravar o tempo estabelecido.

A ideia, como sempre, era fazer um roteiro diferente das campanhas políticas tradicionais. Gostava de preparar as minhas apresentações utilizando slides com as ideias principais e resumos das mensagens que gostaria de deixar. Era importante também que tivessem um visual claro e objetivo.

A proposta apresentada era da construção de um Brasil simples, livre e seguro, onde todos pudessem alcançar seus objetivos. Esse é o País no qual quero morar: sem burocracia, sem privilégios, com liberdade e facilidade para o cidadão empreender, onde o Estado forneça os serviços essenciais, com uma educação básica que permita oportunidades para todos. Discorria sobre alguns dos nossos problemas sempre com dados, mas utilizava a maior parte da apresentação para detalhar as ideias e as propostas para que esse novo Brasil fosse possível.

Quando montava as apresentações, sempre me perguntava o que as pessoas que estivessem presentes levariam de aprendizado ao término do evento. Julgava importante que saíssem com alguma informação, conhecimento ou proposta que as transformaria em cidadãos mais preparados e conscientes. Era muito comum as pessoas tirarem fotos de vários slides durante os eventos, e isso me agradava. Era uma campanha política na qual as pessoas recebiam informações e não promessas. Estávamos inovando.

O voto seria consequência do processo de aceitação das nossas ideias, e nunca um fim em si mesmo. Eu terminava as apresentações com a convocação dos presentes para a participação efetiva na política. A mudança sustentável é aquela feita por cada um de nós, assumindo as nossas responsabilidades, e não por um salvador da pátria.

Minha postura não era a de um político tradicional. Não me via fazendo um discurso inflamado, carregado de gestos teatrais e promessas, só para mostrar indignação. Conhecendo minhas características, sabia que, se tentasse fazer isso, soaria falso. Além disso, considero que não podemos subestimar a capacidade das pessoas. Falar de forma clara e objetiva, utilizando exemplos simples, era a maneira mais eficaz de passar não só a mensagem como também credibilidade.

Procurava apresentar a essência do partido tratando as pessoas com respeito, educação e atenção. Com simplicidade e naturalidade, o conteúdo fluía. Sempre fui sincero e espontâneo em tudo o que fiz, e não seria diferente na campanha eleitoral.

Acredito na força das ideias, na consistência e na coerência ao longo do tempo para consolidar nossa imagem.

Várias cenas, depoimentos e passagens da campanha ficaram marcados na minha memória e me fazem acreditar em um futuro melhor para o Brasil. Os eventos estavam sempre lotados e, ao término das apresentações, eu ainda permanecia por quase uma hora tirando fotos com o público. Realizei eventos nos lugares mais diversos — nas ruas de Curitiba, em um parque em Porto Alegre, em um estádio de futebol em Natal, em clubes, teatros e em universidades por todo o País.

Muitos jovens participavam, e o mais interessante era, no final, ser abordado pelos pais que confessavam terem sido levados pelos filhos. A mentalidade dessa nova geração é diferente. Eles são mais conscientes e não refutam a participação na política, o que me deixa muito feliz e esperançoso. Um dos fatores que move o Novo é justamente o senso de responsabilidade com as próximas gerações. Por isso, era sempre gratificante ouvir dos presentes a afirmação de que o Novo representava a esperança.

Eu gostava sempre de iniciar os eventos pedindo para aqueles que estavam assistindo pela primeira vez a uma apresentação do Novo levantarem o braço. Normalmente, 75% das pessoas estavam conhecendo o partido naquele momento. Considerava isso positivo — eram nossas ideias se espalhando. Também buscava identificar quem havia percorrido a maior distância ou despendido o maior tempo para chegar ao evento. Alguns tinham viajado por dez horas para estarem presentes, e suas narrativas me impressionavam e comprovavam que havia um forte interesse por uma política diferente.

Certa vez, em uma apresentação em Fortaleza, antes mesmo de me tornar candidato, ouvi um depoimento que me emocionou: o do médico Jorge Madrigal Azcuy, um cubano que veio para o Brasil antes do programa Mais Médicos. Morador de

Iguatu, cidade a 390 quilômetros de Fortaleza, ele logo se identificou quando fiz a minha tradicional pesquisa. Jorge explicou que se mudara para o Brasil havia cerca de dez anos e, depois de muito tempo, conseguira sua cidadania. Tão logo obteve os documentos, tirou sua carteira de identidade, o título de eleitor e, no dia seguinte ao recebimento do título, filiou-se ao Novo. Ele havia sofrido muito com o regime comunista em Cuba e queria fazer parte de uma proposta liberal como a nossa.

Os eventos eram majoritariamente organizados pelos apoiadores do partido. Os dirigentes do Novo são todos voluntários e se empenharam muito para me ajudar durante a campanha, por vezes sacrificando a vida profissional ou familiar. Serei eternamente grato pela dedicação que demonstraram comigo e com o projeto do partido.

Bernardinho, que havia sido nomeado embaixador do Novo, era um desses voluntários, e se mostrou incansável nesse processo. Sempre solícito, alegre, companheiro e amigo, me acompanhou em vários eventos e foi um grande divulgador de outros candidatos do partido, além de nossos valores e princípios. Outras pessoas admiradas no Brasil por suas atitudes e conquistas precisam vir jogar nesse campo. A presença na política de líderes éticos e competentes, que inspirem pelas suas ações, é uma condição necessária para revertermos a situação na qual o Brasil se encontra.

Precisa ter jingle?

Assim como todas as iniciativas da campanha, nosso jingle também foi uma contribuição de voluntários. Eu não gostava da ideia de ter um. Remetia-me à velha política, às campanhas com carros de som infernizando a vida do cidadão nas ruas. Mas o

Fred, que estava me ajudando na coordenação da campanha, insistia para que tivéssemos um. Todos os que eram apresentados pela equipe não me soavam verdadeiros, e eu logo os vetava. Decidimos, por fim, seguir sem nenhum, o que me deixou aliviado. Já havíamos abandonado essa busca quando recebemos um e-mail do diretório de Goiânia com o áudio de uma canção e um videoclipe. Ao escutar, adorei a música, a letra e o vídeo. A música se chamava "A voz da sinceridade", e o vídeo começava com a frase "Antes de reclamar da sequidão do jardim é preciso regar a flor da esperança" escrita sobre fundo preto, e ao final trazia os dizeres "Manifestação pessoal e espontânea de amigos que acreditam, trabalham e cantam pela mudança". Era exatamente a tradução de tudo o que o Novo representava, e não apenas um recurso de marketing. A grande maioria da equipe gostou muito da música e passamos a utilizá-la no início e no término das apresentações.

A iniciativa era de Alberto Araújo, escritor, produtor e diretor de arte e cinema, de quem me tornei amigo. Ele me confidenciou depois, em um jantar em Goiânia, que nós temos a mesma idade e que quando viu meu esforço de campanha sentiu-se na obrigação de ajudar. Por isso escreveu a letra e produziu o vídeo. Alberto me contou que, para a gravação, quis escalar um grupo que mostrasse diversidade, então convidou um pintor de parede que tinha uma boa voz. Ao informá-lo de que seria para uma campanha política, ele ouviu a seguinte resposta: "Não quero me envolver com nada político, só faria isso se fosse para o Amoêdo".

Mais tarde conheci todos que participaram do vídeo. Estava terminando uma apresentação em Goiânia quando fui surpreendido pelos organizadores, que haviam trazido os produtores e cantores do jingle, que protagonizaram um verdadeiro show musical no evento. Depois, jantamos todos juntos. Foi muito emocionante e marcante me identificar com pessoas que eu acabara de conhecer, mas que me pareciam tão próximas. Dividíamos o mesmo desejo de um novo Brasil e a crença de que poderíamos fazer política de uma forma diferente. Nunca terei palavras para agradecê-los.

Uma das estrofes dizia: "É novo, é diferente/ Vamos votar sem medo/ Meu presidente é 30/ É João Amoêdo". "Vamos votar sem medo" é uma frase que guardo sempre comigo.

A última semana

Boa parte dos políticos que desejam se manter no poder tem disseminado há anos o conceito — absolutamente equivoca-do — de que um Estado menos intervencionista e menos paternalista, com mais liberdade para o cidadão, prejudicará os mais pobres. O resultado é conhecido: boa parte da população é mantida na pobreza e, portanto, dependente deles. Reverter essa visão é um dos grandes desafios do Novo, e reconheço que em estados mais pobres, onde é mais urgente que se faça essa desmistificação, a tarefa é mais difícil. Mas precisamos mudar essa mentalidade plantada durante anos.

Analisando os países que geram riquezas e onde a população possui melhor qualidade de vida, a realidade é inversa: quanto maior a liberdade do cidadão — ou seja, quanto menor a inter-venção do Estado —, mais riqueza a população produz e dela se beneficia. A conclusão é que o Brasil é um país pobre por ter um Estado inchado que usa o cidadão para manter seus benefícios e aumentar seus privilégios, e não o contrário.

Já estávamos no final da campanha, e eu estava decidido a fazer uma apresentação em Teresina. Não contávamos com um diretório do Novo no estado, mas tínhamos um grupo de voluntários local que organizaria o evento. Algumas pessoas da minha equipe questionavam minha ida, pois entendiam que, pela distância e duração da viagem, aquela não seria uma boa forma de otimizar o tempo nessa reta final.

Entretanto, eu estava convencido de que deveria plantar as ideias do Novo no estado e ajudar nosso grupo de apoiadores nessa tarefa. Segui minha intuição e marcamos a data. Seria a última apresentação fora do eixo Rio-São Paulo, e eu havia escolhido Teresina para essa empreitada.

Já exausto pela rotina pesada da campanha, comprei minha passagem, e a Leniza reservou o hotel. Partiria de São Paulo e faria uma escala em Brasília antes de chegar a Teresina. Na conexão, estava com duas pessoas da equipe que me acompanhavam para ajudar nos eventos e registrar os momentos que depois colocaríamos nas mídias sociais. Paramos para comer um pão de queijo, que seria o nosso almoço, e me dirigi ao portão de embarque. Lá chegando, olhei para o banco de espera e tomei um susto. Rosa, as nossas filhas, Ana Luiza, Maria Fernanda e Mariana, e a minha mãe me esperavam vestidas com a camiseta laranja do Novo. Não podia haver surpresa melhor do que aquela. Sabendo do meu cansaço, decidiram que deveriam me acompanhar nessa última viagem.

Foi uma das passagens mais gratificantes e um dos eventos mais marcantes da campanha. A família reunida renovou meus ânimos, e, ao chegar ao aeroporto de Teresina, mais uma surpresa. Fui recebido por Wallace, médico ortopedista e líder do Novo no estado. Havia inúmeras pessoas me aguardando no saguão, e saímos em carreata.

A noite terminou com um jantar com os apoiadores do Novo, depois de uma palestra que lotou o auditório de uma faculdade com mais de mil pessoas. Muita gente não conseguiu entrar, pois os organizadores não haviam previsto que teríamos um público tão numeroso.

Lembranças como essa me fazem persistir nesse trabalho de plantar a semente do Novo por todo o Brasil. Acredito ser a nossa responsabilidade, em especial daqueles que têm mais condições, deixar um país com mais oportunidade para as próximas gerações.

A facada

Em 2018, somada à polarização política, havia uma grande insatisfação da sociedade em geral com o PT. Aproveitando esse sentimento, Bolsonaro adotou o discurso de que era preciso "salvar o Brasil" do governo petista, e assim alavancou sua popularidade. Muita gente começou a vê-lo como a única possibilidade de mudança. Para justificar essa escolha, as pessoas repetiam que "em primeiro lugar, precisamos tirar o PT".

Nosso objetivo de campanha era quebrar essa lógica de que o "menos pior" fosse a única alternativa viável. Não poderíamos perder a oportunidade de renovar as práticas políticas. O Brasil não suportaria mais quatro anos de um governo que não tivesse um líder com capacidade e competência para fazer as mudanças estruturais necessárias. Resumi isso em uma entrevista com a seguinte afirmação: "Perder o voto não é votar naquele que não está ainda entre os primeiros colocados nas pesquisas. Perder o voto é votar em alguém que nada irá mudar na nossa política".

Entretanto, um fato totalmente inesperado tornou nossa tarefa praticamente impossível. No dia 6 de setembro, pousando em Campo Grande, tirei o celular do modo avião e li uma notícia informando que Bolsonaro levara uma facada durante um ato em Juiz de Fora. Um fato abominável como esse reforçava a necessidade de mudarmos os rumos do País. Estávamos a exatamente um mês das eleições, a reta final e o período mais intenso da campanha. O TSE havia acabado de barrar a candidatura de Lula, que vinha liderando as pesquisas até então. O PT ainda não tinha anunciado quem ficaria em seu lugar, embora todos esperassem que fosse Fernando Haddad, seu vice na chapa. Já era um período de incerteza, e a facada aumentou a sensação de instabilidade.

Bolsonaro passou a ter maior cobertura da imprensa, que acompanhou sua recuperação pós-cirúrgica, além das investigações da polícia sobre o autor e os motivos do atentado. Desautorizado pelos médicos de participar dos debates eleitorais, ele se blindou de eventuais exposições negativas, sendo poupado de responder a perguntas sobre assuntos que não domina ou para as quais não teria resposta. Seu desempenho nas pesquisas de intenção de voto, que já era relevante, aumentou significativamente após o episódio. Ao mesmo tempo, o então candidato oficial do PT, Fernando Haddad, também começou a subir. No final de setembro, Haddad ocupava a segunda colocação nas intenções de voto, atrás apenas de Bolsonaro. Para piorar a situação, alguns levantamentos apontavam que Bolsonaro perderia de Haddad em um eventual segundo turno entre os dois.

Em razão do acontecimento inesperado e da gravidade do atentado, a polarização, que já ditava o tom da campanha, se intensificou. Grande parte dos eleitores, ao atribuir a antagonistas de esquerda a autoria do ataque, decidiu que Bolsonaro seria o único candidato apto a livrar o País da dominação dos "esquerdistas". O bom senso e as qualificações dos demais candidatos ficaram de fora da disputa. A partir de então, prevaleceu o "nós contra eles", que infelizmente impera até os dias atuais. Posteriormente, tive conhecimento de que pessoas próximas e apoiadoras do Novo passaram a pedir que não votassem mais em mim, mas sim em Bolsonaro. O plano era eleger o mais rápido possível alguém que impedisse o PT de chegar ao poder, sem pesar as consequências futuras.

Com a presença constante de Paulo Guedes ao seu lado e a indicação de que ele seria o futuro ministro da Economia, Bolsonaro sinalizava um governo liberal e atraiu boa parte da elite financeira do País.

Na reta final, os ataques contra mim, via fake news, se intensificaram. Houve vídeos com histórias inventadas, ataques pessoais, e uma imagem que circulou muito, que eu mesmo recebia com frequência, trazia a frase "primeiro a ordem e depois o progresso", com uma foto de Bolsonaro e o ano 2018 e uma minha e o ano 2022. Era a forma de converter, ainda no primeiro turno, o voto de eleitores que gostavam das ideias que eu defendia em votos para Bolsonaro. A estratégia funcionou.

A lógica de uma eleição em dois turnos, que conduz o eleitor a votar no primeiro turno em quem de fato o represente, deixou de existir. Uma parte dos eleitores, conduzidos por discursos que não tinham amparo nem nos dados nem nas pesquisas eleitorais, limitou sua escolha a apenas dois candidatos já no primeiro turno. Era como se já estivéssemos no segundo turno. O resultado foi que Bolsonaro e Haddad terminaram o primeiro turno com 75% dos votos válidos, sendo os demais 25% repartidos entre os onze demais candidatos.

Ao final do primeiro turno, passei a ser cobrado sobre uma posição em relação à disputa entre Haddad e Bolsonaro. Vi-me em uma encruzilhada. Havia trabalhado bastante para que isso não acontecesse. Não aceitava o PT de volta ao poder e tinha consciência de que Bolsonaro, pelo seu histórico parlamentar, que incluía uma postura iliberal e posições antidemocráticas, não seria um bom governante para o País. Estava claro que o resultado da eleição presidencial em 2018 não representaria de forma nenhuma uma renovação na política.

Reproduzo abaixo trechos do artigo que escrevi para o jornal *Folha de S.Paulo*, às vésperas do segundo turno, em 19 de outubro de 2018, e que deixava bem clara minha posição:

A grande maioria dos eleitores caiu na armadilha petista de polarizar a disputa eleitoral antes do tempo e discutir apenas o Ele não x PT não. O resultado não poderia ser bom. Caminhamos para termos um governo cujos planos e capacidade de execução desconhecemos, mas com a sensação equivocada de que valeu a pena pois o "PT foi derrotado".

Nossas elites, com raras exceções, junto com a mídia tradicional, mais uma vez falharam. Não assumiram qualquer protagonismo na defesa de um projeto de longo prazo para o País.

[...]

A saída do PT do poder de forma consistente só acontecerá com a nossa evolução como sociedade. Para isso, é fundamental o surgimento de novas lideranças que pensem nos seus filhos e netos, que assumam responsabilidades e desejem deixar um legado para o País.

Precisamos também mudar o eixo das discussões de pessoas para ideias. Deveríamos ter discutido: "socialismo não x capitalismo sim", "privilégios para políticos e partidos não x ajuda a quem mais precisa sim", "empresas e monopólios estatais não x livre mercado e concorrência sim", "intervenção estatal não x segurança do indivíduo e da sua propriedade sim". Enfim, um modelo de Estado onde o cidadão seja protagonista, que garanta educação e liberdade a todos os brasileiros para que possam trabalhar, empreender e desenvolver seu potencial.

Neste processo eleitoral fomos, mais uma vez, guiados pelo medo em busca de um salvador da pátria. Aprendemos pouco com nossos erros e, assim, ficamos mais distantes do Brasil que queremos.

Domingo voto mais uma vez contra o PT, mas, como das vezes anteriores, não é em um projeto em que acredito e que, portanto, defenda ou apoie. Continuarei trabalhando para ajudar na construção de um País admirado, de uma sociedade sem divisões, com oportunidades para todos e onde possamos depender menos da política. Foi para isso que entrei na política.

15.
A semente plantada

NO DOMINGO DO PRIMEIRO TURNO das eleições, dia 7 de outubro de 2018, nos reunimos no meu apartamento no Rio para acompanhar a apuração. Além da família, estavam presentes os membros da equipe de campanha, Fred, Otavio, Guido, Gustavo Franco, membros do diretório nacional e do estadual do partido, Christian Lohbauer, candidato a vice-presidente na chapa comigo, Marcelo Trindade, nosso candidato ao governo do Rio de Janeiro, e alguns amigos.

O primeiro resultado divulgado foi da pesquisa do Ibope de boca de urna para a Presidência da República. Apareci em quinto, uma surpresa para nós. Improvisamos um pequeno grupo e acompanhamos a apuração do pleito de todos os locais onde havia candidaturas do Novo. Fomos coletando as informações e confirmando os eleitos, estávamos muito felizes com o desenrolar dos resultados.

Apesar de ser carioca, obtive na cidade de São Paulo um percentual de votos três vezes maior do que o apurado no município do Rio de Janeiro. O estado se mostrou um local de baixa aceitação das nossas ideias, e perdemos mais uma vez a oportunidade de ter um excelente governador, como o Marcelo Trindade. Marcelo havia se engajado tardiamente no projeto eleitoral, mas colocou uma energia admirável na campanha. Nós nos conhecíamos pouco, mas ao final tive a convicção de que são pessoas como ele que precisamos ter na área pública. O alinhamento com os valores do partido, a firmeza nas colocações e, principalmente, a decisão de evitar a busca de votos de eleitores do Bolsonaro deixaram claros para mim seu comprometimento com a instituição e sua visão de longo prazo.

Na reta final de campanha, alguns candidatos se aproximaram dos eleitores de Bolsonaro na tentativa de vencer a eleição. João Doria adotou esse roteiro em São Paulo. Wilson Witzel, um ex-juiz desconhecido, fez o mesmo no Rio, e até o candidato do Novo em Minas Gerais, Romeu Zema, preferiu seguir uma postura de neutralidade em relação à campanha presidencial para atrair votos bolsonaristas. A estratégia, no meu entender oportunista, deu certo, e os três foram eleitos.

A estreia do Novo foi a melhor até hoje de um partido político em uma eleição federal. Nessa primeira participação superamos, com folga, a cláusula de barreira. Elegemos oito deputados federais, doze deputados estaduais e uma deputada distrital. Zema foi eleito governador de Minas Gerais. Novamente, assim como em 2016, provávamos que era possível atuar sem coligações, sem utilizar dinheiro público para financiar a campanha e eleger pessoas que ainda não eram figuras públicas.

Obtive 2 679 745 votos, ficando em quinto lugar no pleito, à frente de políticos conhecidos como Marina Silva e Álvaro Dias. Isso aconteceu mesmo sem ter participado dos debates e tendo feito a campanha mais barata, na relação de gasto por voto, entre todos os candidatos, com exceção do presidente eleito e do Cabo Daciolo. Recebi votos em todos os estados, mesmo em lugares onde o Novo ainda era pouco conhecido, como o Maranhão, onde fui votado em todos os municípios do estado. Esse resultado só foi possível graças ao trabalho de inúmeros brasileiros que, sem nenhum outro interesse a não ser o de melhorar o Brasil, se engajaram na minha campanha. Sou eternamente grato pela disposição e pelo espírito público dessas pessoas. A candidatura à Presidência alcançara seu objetivo, as ideias do Novo passaram a ser conhecidas pelo Brasil, mas era apenas o início do trabalho.

O retorno ao Novo e a preparação para 2020

Estava com a sensação de missão cumprida, mas exausto. Terminadas as eleições, fui viajar com a família, mas nos primeiros dois dias não saí do quarto do hotel. Esgotado, não conseguia sair da cama. Rosa entrava, tomava banho, deixava um bilhete avisando aonde ia, a que horas voltava e, quando retornava, eu continuava dormindo. Até tentava fazer alguma coisa, mas virava para o outro lado e dormia de novo. Havia sido uma prova de Ironman bem diferente.

No final de 2018, fui com alguma frequência a Belo Horizonte com a tarefa de ajudar a montar a equipe de secretários do governador eleito. Era uma contribuição ao Novo como instituição, uma vez que o governo de Minas passaria a ser uma das vitrines do partido.

Não havia planejado ainda o que faria em 2019, e pensei em ajudar o partido em alguma área, talvez no departamento que presta apoio e suporte aos mandatários. O trabalho nos diretórios e na maioria das áreas do Novo é feito exclusivamente por voluntários. Esse modelo reduz os custos do partido, mas acaba sendo um gargalo para o crescimento da instituição. Mas então fui procurado pelos membros do diretório nacional do partido, que me pediram para retornar à presidência da organização. Depois de refletir com a família, aceitei o convite. Em fevereiro de 2019, reassumi a presidência do Novo.

Ao longo do ano, aproveitei para realizar eventos pelo Brasil para continuar divulgando os nossos planos para o País. O roteiro era parecido com o que havia apresentado durante a campanha, mas agora era possível mostrar também exemplos de mais mandatários do Novo cortando os próprios privilégios e atuando para melhorar a vida do cidadão. Era o discurso sendo colocado em prática em uma escala maior. As palestras eram importantes para divulgar as ideias do partido e atrair filiados. Precisaríamos cuidar da nossa expansão visando às eleições municipais de 2020.

Logo no início de 2019, traçamos a estratégia e o roteiro para a nossa participação nas eleições municipais do ano seguinte. Com uma estrutura de comando e administrativa ainda reduzida, decidimos buscar as cidades maiores, pois não teríamos condição de atender muitos municípios. O trabalho a ser realizado seria o mesmo, não importando o tamanho do município, e, claro, teríamos maior divulgação nas cidades maiores. Uma quantidade mínima de filiados ativos em cada município seria o ponto determinante para a abertura do processo seletivo para as candidaturas. Sem a utilização de dinheiro público, a contribuição dos filiados é crucial para o nosso sustento, e sua participação, fundamental para a divulgação das nossas ideias.

A lógica seria a mesma que sempre orientou o partido — eleições são uma oportunidade de consolidarmos a nossa marca como organização e eleger bons gestores ou legisladores para o País. Em uma eleição municipal, a busca desses futuros candidatos, o apoio às suas campanhas e a posterior fiscalização de sua atuação, se eleitos, devem ser feitos localmente. Precisaríamos montar diretórios municipais, atrair voluntários e selecionar bons quadros.

Ao final de um longo processo seletivo para as eleições municipais de 2020, aprovamos candidaturas à prefeitura em trinta municípios e para vereadores em 46 cidades. Quatro anos antes, estivemos presentes com candidatos a câmaras municipais em apenas cinco cidades e somente uma candidatura a prefeito. Ainda assim, sofremos críticas internas de membros de diretórios, de mandatários e de alguns veículos da imprensa por sermos, na avaliação deles, muito restritivos.

O interessante para mim foi constatar que as reclamações eram para que o Novo atuasse exatamente de acordo com o padrão da política tradicional. Queriam que lançássemos candidatos mesmo em locais com poucos filiados e fôssemos menos rigorosos no processo de avaliação de candidaturas. Essa segunda demanda, de certa forma, foi atendida, conforme constatamos posteriormente. Deveríamos, pelo contrário, ter sido ainda mais exigentes na avaliação das candidaturas, procedimento fundamental para a preservação da imagem do Novo.

A saída da gestão do partido

Em setembro de 2019, fui reeleito por unanimidade, na convenção nacional do Novo, para mais um mandato de quatro anos como presidente do partido. O estatuto permite uma única reeleição para o mesmo cargo. Eu teria, portanto, que deixar a presidência em 2023.

Entretanto, eu havia refletido muito sobre minha volta à direção do partido no início de 2019 e sobre a ideia de concorrer à reeleição à presidência do Novo. O amadurecimento de uma organização passa necessariamente pela saída de seu fundador. É nesse momento que poderemos identificar se a cultura e as práticas estabelecidas na sua origem já permeiam boa parte da instituição ou continuam dependentes das atitudes e do exemplo de algumas poucas lideranças. É sempre difícil determinar quando se deve colocar isso à prova. Entendi que quanto antes melhor. O Novo precisava passar por esse teste para continuar evoluindo e ser, de fato, uma instituição baseada em valores e princípios, e não em pessoas.

Em quase dez anos, me dediquei integralmente a uma ideia que, para muitos, parecia uma loucura. Inúmeras pessoas me desestimularam em todas as fases. Na campanha presidencial, ainda havia quem me questionasse se não haveria caminhos mais fáceis, como ter me filiado a um partido já existente. Nove anos depois, eu ainda respondia da mesma forma: teria sido mais fácil se meu objetivo fosse ser apenas um candidato. Sempre quis fazer política de uma forma diferente. Tentar fazer o certo em um ambiente corrompido é um trabalho exaustivo, que exige muita resiliência. Algumas decepções me levaram a pensar em desistir, mas também houve conquistas que me trouxeram esperança e fortaleceram minha convicção de que era possível transformar a realidade.

Gostaria de dedicar um pouco mais de tempo à família, poder viajar e quem sabe completar mais um Ironman, dessa vez com os 3,8 mil metros de natação, 180 quilômetros de bicicleta e os 42 quilômetros da maratona. Estava na hora de passar o bastão. Renunciei à presidência do partido em março de 2020.

16.
Os desafios do Novo

AS PRÁTICAS POLÍTICAS CORRENTES, a aversão de pessoas bem-sucedidas à participação política e a concepção inovadora em muitos aspectos do partido demonstram a importância do projeto do Novo, ao mesmo tempo que o tornam mais desafiador. Terminamos as eleições de 2020 com uma imagem menos positiva do que ao final de 2018. Um dos principais diferenciais do partido, o processo seletivo, foi muito questionado por falhas cometidas na escolha de candidatos. Além disso, a falta de um posicionamento claro e uniforme do partido e de seus mandatários em relação ao governo Bolsonaro reduziu o protagonismo do Novo no cenário político brasileiro e acabou por afetar negativamente a unidade da instituição.

Na minha avaliação, o desempenho do Novo nas eleições de 2020 ficou aquém do esperado. Elegemos 29 vereadores em dezenove cidades e um prefeito em Joinville. Se fizermos uma comparação apenas da quantidade de eleitos em relação à eleição municipal anterior, pode-se argumentar que o avanço foi enorme. Afinal, tivemos cinco vezes mais mandatários eleitos. Contudo, essa leitura sem a devida contextualização é inadequada, pois são situações completamente distintas. Em 2016, o Novo estava começando sua existência, concorreu em apenas cinco municípios, era pouquíssimo conhecido e não contava com nenhum político de carreira ou figura pública entre os seus quadros. Em 2020, a situação era outra e lançamos candidaturas em 46 cidades.

Reconhecer esse fato é a primeira medida para iniciarmos as revisões que devem ser feitas. No Novo devemos constantemente avaliar nossos insucessos e procurar o diagnóstico correto. Só assim, com humildade, assumindo as responsabilidades e sem compromisso com o erro, poderemos continuar a crescer como uma organização admirada e longeva.

Um primeiro desafio que ainda enfrentamos é o da comunicação. Precisamos deixar claro para o maior número de pessoas que o nosso propósito é melhorar a vida de todos os brasileiros, o mais rápido possível e de forma sustentável. Na verdade, foi esse o sonho dos fundadores do Novo e o que sempre me motivou — e não defender o liberalismo, privatizar estatais ou reduzir benefícios de mandatários. Isso é o meio, não o fim.

Nesses dez anos à frente do Novo, percebo que a maior parcela de críticas que o partido recebe é oriunda daqueles que desconhecem o objetivo e os diferenciais da instituição, criando assim uma visão preconcebida do partido. Por isso a importância da clareza e da escala na comunicação.

O segundo desafio é atuar como uma instituição. Esse conceito permite ao partido manter a sua essência, evitando o personalismo e permitindo ter longevidade, visão de longo prazo, além de preservar seus valores e sua cultura. A observância do estatuto e das regras ali estabelecidas pelos fundadores garantirá a essência do Novo. Se isso não ocorrer, o partido deixará de ser uma instituição e acabará refém do político ou gestor que o liderar naquele momento. Um estatuto com regras perenes, e que raramente seja alterado, é uma característica das instituições de sucesso.

A crença na defesa da liberdade do cidadão não pode ser utilizada como justificativa para o descumprimento dos procedimentos estabelecidos, que são inerentes a toda organização. Para a preservação da liberdade, o importante é que o ingresso do indivíduo seja voluntário. Por isso, a participação no Novo é livre e só acontece com a aceitação do seu estatuto.

Além desses dois desafios, é importante que o partido consiga manter a unidade de atuação. Uma das grandes dificuldades em qualquer empreendimento, à medida que cresce, é alinhar os interesses individuais aos da instituição. Identificar e coibir agendas pessoais é crucial, pois elas desviam o rumo da organização e a enfraquecem. Nas instituições privadas, uma solução adotada para minimizar esse problema foi transformar funcionários e executivos em sócios da empresa. Dessa forma, os interesses de curto e longo prazos passam a ser comuns, compatibilizando os resultados mais imediatos com o crescimento sustentável e a consolidação da marca.

Esse é um dos principais obstáculos a serem superados por um partido político. Sem um propósito único que seja seguido igualmente por filiados, dirigentes partidários e mandatários, o Novo perderá sua concepção original, transformando-se em apenas mais uma legenda. No combate a esse tipo de problema, o compromisso com a visão institucional e com o objetivo de melhorar a vida dos brasileiros é imprescindível. Política virar emprego, participação no partido virar status e espírito de equipe virar corporativismo são exemplos do que o Novo precisa evitar.

O partido tem um trabalho complexo: atrair bons quadros para a política, pessoas qualificadas que queiram se comprometer com o propósito de trabalhar pelo Brasil. Não é uma tarefa trivial e exige uma mudança cultural por parte da nossa sociedade. O cidadão capacitado e ético deve assumir a sua responsabilidade e participar ativamente da política, em especial como candidato, para alterarmos os rumos da nação. O sucesso eleitoral do partido passa também pela conscientização do cidadão. Quando criamos o Novo, nos propusemos a assumir um protagonismo no cenário político brasileiro. Não sabemos quando isso acontecerá, mas, como eu disse certa vez em uma entrevista: somos o estagiário que trabalha e ambiciona ser o presidente da empresa. Somente com ações inovadoras teremos resultados diferentes.

O roteiro tradicional da política é conhecido: abertura de inúmeros diretórios, escolha de candidatos pelo potencial de votos, gestão do partido pelos políticos eleitos, uso dos Fundos Partidário e Eleitoral e falta de consenso sobre temas relevantes.

Cabe ao Novo seguir o caminho oposto, tendo como base para seu crescimento a quantidade de filiados ativos e realizando processos seletivos rigorosos, mesmo que isso restrinja o número de candidatos. Além disso, é necessário evitar na gestão partidária a ingerência daqueles que estão preocupados apenas com a próxima eleição, manter a visão de longo prazo, combater o corporativismo, priorizar o cumprimento do estatuto e das normas partidárias, não utilizar verbas públicas nem sobrepor os valores e princípios da instituição às agendas pessoais.

O dia a dia da política, tanto na atuação legislativa quanto no executivo, a demanda pelo rápido crescimento, a preocupação dos mandatários com a reeleição e a dinâmica eleitoral muitas vezes nos empurrarão na direção contrária à qual devemos seguir. Para evitar que isso aconteça, será necessária uma postura humilde dos nossos mandatários, corajosa e disciplinada dos membros dos diretórios e vigilante por parte dos filiados.

É importante termos a consciência de que eventuais sucessos devem ser entendidos como um endosso a esse padrão inovador de atuação, e não como uma autorização para nos desviarmos dele. Foi esse discurso que possibilitou trazermos novas lideranças para ocuparem cargos eletivos. Colocá-lo em prática é o que garante o crescimento sustentável, com a atração de novos filiados e a eleição de representantes qualificados.

O Novo deve ser uma instituição admirada por seus valores, princípios, coerência e objetivos. Uma marca que represente a inovação e a excelência na política. Cabe aos dirigentes partidários serem os guardiões dessa missão. Mas, para termos sucesso, isso precisa ser um dever de todos que apoiam o projeto.

17.
O Brasil que temos e o Brasil que queremos

EM QUASE TODOS OS ASPECTOS pelos quais avaliamos a posição do Brasil no mundo e a eficiência da gestão pública nossos resultados são decepcionantes. O principal indicador a refletir esse quadro é o número de brasileiros na miséria. No momento em que escrevo este livro, são 39,9 milhões de pessoas com renda individual inferior a 89 reais mensais. De acordo com a Rede Penssan, temos hoje 19 milhões de brasileiros passando fome e 116 milhões que não sabem se terão o que comer no dia seguinte.

De acordo com dados do Fundo Monetário Internacional (FMI), nosso Produto Interno Bruto (PIB), que mede todos os bens e serviços produzidos pelo país, cresceu apenas 2,2% nos últimos dez anos. No mesmo período, os países emergentes cresceram 47%, e a média mundial foi de 30%. Se fizermos uma análise da renda per capita, ou seja, a renda média por cidadão, chegamos a um cenário ainda pior, de queda de 5,5%. O brasileiro, em média, ficou mais pobre na última década.

Diante desse cenário, é fundamental que as pessoas tenham liberdade e condições para trabalhar, empreender e montar o seu negócio, a forma mais eficaz de gerar riquezas e efetivamente combater a pobreza. O Brasil, entretanto, ocupou apenas a 144ª posição no ranking de liberdade econômica, elaborado anualmente pela Heritage Foundation, divulgado em 2020. Segundo o Banco Mundial, somos o 124º país na classificação relativa à facilidade para fazer negócios. Ambos os estudos levam em conta questões como tempo médio para abertura de uma empresa, segurança jurídica, grau de abertura da economia do país, tamanho e complexidade da carga tributária.

Analisando esses itens, vemos a dificuldade que os empreendedores enfrentam no Brasil. Ocupamos o 138º lugar no ranking do Banco Mundial que avalia a abertura de empresas. Em 2019, o Fórum Mundial avaliou o Brasil como o nono país mais inflexível no que se refere à contratação e demissão de funcionários.

Além da elevada carga tributária, o sistema de impostos brasileiro é, sob qualquer ótica, um dos mais complexos do mundo. Nossas empresas são, de longe, as que mais gastam tempo para dar conta do pagamento de impostos: são 1501 horas por ano, enquanto na Bolívia, segundo lugar do ranking, gastam-se 1025 horas. A média da América Latina é de 317 horas, e a dos países da OCDE, 158 horas — quase dez vezes menos que o Brasil. Temos 5570 legislações.

Esses fatores contribuem para a estagnação da produtividade brasileira, que permanece a mesma há quarenta anos. O desenvolvimento de um país no longo prazo depende, principalmente, do aumento da capacidade de produção por trabalhador, ou seja, da produtividade. Apenas nos últimos dez anos, fomos ultrapassados por catorze países — entre eles o Iraque, país que ainda sofre com diversos conflitos militares.

Quando avaliamos os gastos públicos, os números são inaceitáveis. O Brasil, segundo dados do FMI, foi o país que mais expandiu os gastos públicos na última década. A despesa conjunta do governo federal, estados e municípios nesse período cresceu de 29,5% para 41% do PIB.

Trabalhamos 150 dias por ano apenas para honrar o pagamento de impostos, mas temos serviços públicos de qualidade sofrível e nossa dívida pública é crescente. Um modelo insustentável, que condena as próximas gerações ao pagamento de uma alta carga tributária para fazer frente à dívida que vão herdar.

Os gastos primários do governo federal em 2019 tiveram a seguinte distribuição: de cada 100 reais gastos, 51,30 reais são despesas com a previdência social, 11,61 reais com o funcionalismo público, 8,45 reais com saúde, 7,87 reais com educação, 6,39 reais com benefícios sociais, 0,79 centavos com segurança e 13,59 reais com despesas diversas. Vale mencionar que esses gastos não incluem os juros com a rolagem da dívida pública, que atingiu no ano de 2020 quase 90% do PIB, após a pandemia da covid-19.

Apenas no nível federal, gastamos mais de 300 bilhões de reais ao ano com subsídios — ou seja, quase dez vezes mais do que o valor direcionado ao programa Bolsa Família. Nos níveis estadual e municipal não existem dados consolidados. Para piorar, esses benefícios raramente são avaliados, e não sabemos o impacto efetivo que trazem para o cidadão, embora o custo seja arcado por ele. Na maioria das vezes, privilegia-se um setor ou segmento específico sem contrapartidas para o País. Em janeiro de 2021, a montadora Ford, depois de receber mais de 20 bilhões de reais de subsídios nos últimos anos, encerrou suas atividades no Brasil, fechando fábricas e deixando milhares de desempregados para se juntar aos mais de 14 milhões de brasileiros sem emprego.

Em resumo, os governos gastam muito e gastam mal o dinheiro que sai do nosso bolso. E, infelizmente, quem deveria dar o exemplo não o faz. Temos um Congresso que não corta os seus privilégios, custa 29 milhões de reais por dia — sim, você leu direito: por dia —, resultando em um custo anual superior a 10 bilhões de reais.

Além desse desperdício, há ainda o desvio de recursos com corrupção e que nem sequer conseguimos medir. A Transparência Internacional mede o índice de percepção da corrupção (IPC) em 180 países, utilizando vários indicadores. O Brasil ocupou, no último relatório divulgado, a 94ª posição.

Esses são apenas alguns dos dados que demonstram a inviabilidade do modelo de Estado que temos no Brasil. As reformas são inadiáveis.

Nossa realidade

O Brasil é um país rico em recursos naturais, com petróleo e minério em abundância. Contamos com uma extensa área agricultável, e uma produção de alimentos que bate recordes a cada ano, além de uma rede de rios que permite geração de energia limpa e barata e com potencial para desenvolvimento de um sistema de transporte eficiente e de baixo custo. Infelizmente, nosso descaso com o meio ambiente tem sido constante e precisa ser revisto com urgência. Estamos destruindo as nossas belezas e exuberâncias naturais e comprometendo a imagem do País no exterior.

Temos um território de escala continental e livre de desastres naturais — ou seja, não há nenhuma restrição estrutural para sermos uma nação bem-sucedida, muito pelo contrário. Nossa disfunção vem quase que integralmente do nosso modelo de Estado ineficiente, propício à corrupção, concentrador de renda e que restringe as oportunidades. Essa realidade se repete em todos os níveis da federação e dificulta o combate à pobreza. O Estado brasileiro entrega parcos resultados para o cidadão, concentra poder na esfera governamental e desqualifica a imagem de quem se envolve com a política, produzindo uma seleção adversa. Como regra geral, bons quadros evitam participar ativamente da política.

A existência de recursos públicos para sustentar partidos políticos e financiar suas campanhas é um dos grandes responsáveis por um sistema partidário fragmentado com baixa representatividade e que dificulta a renovação política e a alternância de poder na nossa democracia. Uma vez que os partidos políticos, mesmo os que se dizem antagonistas, se beneficiam desse modelo de Estado, não há nenhuma discussão significativa sobre sua reformulação. Como consequência, nossa evolução e melhoria como nação têm sido marginais e raramente sustentáveis. Alternam-se lideranças, mas as más práticas políticas se perpetuam. A um modelo ruim alia-se uma gestão sofrível, cujo resultado nos leva à mediocridade atual.

A verba pública, hoje da ordem de 3 bilhões de reais, alocada a partidos políticos por intermédio do Fundo Partidário e do Fundo Eleitoral, é uma afronta ao pagador de impostos. O cidadão transfere recursos, fruto do seu trabalho, para todos os partidos políticos, inclusive para aqueles contrários às suas convicções. Enquanto isso, falta dinheiro no País para áreas essenciais. A lei que disciplina a utilização do Fundo Partidário impede que esses recursos sejam doados a instituições beneficentes ou mesmo que sejam devolvidos ao Estado para ser direcionados a outras áreas, como saúde ou educação.

A afirmação de que a verba pública incentivará a participação de mulheres e dos mais pobres e fortalecerá a democracia é uma falácia. A distribuição desses recursos é, na maioria das vezes, concentrada nas mãos dos figurões partidários e direcionada para campanha de políticos já com mandato ou com maior patrimônio. Além disso, há exemplos de gastos com o Fundo Partidário para manutenção de políticos sem mandato, compra de carros e aeronaves, e até para o pagamento de bebidas alcoólicas em encontros promovidos pelas agremiações. A mudança que precisa ser feita depende dos nossos representantes políticos, que se beneficiam desse modelo e, portanto, na sua maioria, são contrários a ela. É por isso que o tão almejado desejo de renovação na política só acontecerá com a eleição de novas lideranças, conscientes e comprometidas com o cidadão.

A renovação era só discurso

Jair Bolsonaro, durante a campanha eleitoral de 2018, elegeu alguns eixos que iriam nortear o seu mandato: não concorrer à reeleição, dar continuidade ao combate à corrupção, adotar uma gestão liberal na economia, que incluía privatizações, promover o rápido equilíbrio das contas públicas e acabar com o famoso "toma lá dá cá" no Congresso, que caracterizou o chamado "presidencialismo de coalizão", termo cunhado pelo sociólogo Sérgio Abranches, e que vigorou nos últimos governos.

Eu sempre fui cético sobre essas promessas. Tenho como regra avaliar os políticos tradicionais por seus históricos — pelo que fazem, e não pelo que prometem. Como deputado federal por 28 anos, o presidente nunca foi um parlamentar relevante, não demonstrou capacidade de liderança, nunca defendeu pautas liberais, e, quando teve algum destaque, este foi decorrente do confronto com outros mandatários sobre temas comportamentais. Imediatamente após ser eleito, a promessa de não concorrer à reeleição foi descartada — era mesmo difícil que alguém que sempre buscou a reeleição como deputado por mais de duas décadas fosse capaz de renunciar ao poder e aos privilégios do cargo como presidente da República. Era só o primeiro de uma série de compromissos de campanha que seriam quebrados.

Até o momento em que escrevo este livro, mais de dois anos após a sua posse, nenhuma privatização foi realizada, e o combate à corrupção foi enfraquecido com o fim da Operação Lava Jato e com a saída do ex-juiz Sergio Moro, que havia se notabilizado por essa pauta, do governo. Do mesmo modo, as reformas administrativa e tributária não avançaram. A promessa de implementar uma política econômica, conduzida pelo ministro Paulo Guedes, que permitisse ao País retomar o crescimento foi totalmente descartada. O roteiro das reformas, propagado na campanha, foi substituído pelas velhas práticas da política fisiológica do aparelhamento das instituições e pela postura populista. A ideia de que grande parte dos nossos políticos trabalha pensando nas próximas eleições e não nas próximas gerações foi explicitada mais uma vez.

Contudo, a pandemia da covid-19, tratada de forma irresponsável pelo governo federal, é o pior legado da gestão Bolsonaro. Milhares de brasileiros morreram precocemente, vítimas do despreparo do presidente e da sua ausência de compaixão pelo próximo. Ele adotou um discurso inicial de negação da pandemia, fez apologia da existência de tratamentos precoces sem nenhum amparo científico ou comprovação, promoveu aglomerações, descumpriu os protocolos definidos pelas autoridades médicas, entrou em conflito com prefeitos e governadores que decretaram o distanciamento social para conter o avanço do vírus, utilizou por diversas vezes o argumento falso de que o Supremo Tribunal Federal (STF) o havia impedido de atuar na pandemia, trocou três ministros da Saúde e comprou tardiamente vacinas para imunização da população. Enfim, se eximiu das suas responsabilidades e agiu, na minha avaliação, de forma criminosa. Inúmeras vidas foram perdidas, e a retomada da economia acabou comprometida. Temos em 2021 uma pandemia que se arrasta, recordes de mortes sendo batidos todos os dias e inúmeros brasileiros sem um prato de comida. A partir de 24 de março de 2020, quando o presidente Jair Bolsonaro foi a primeira vez à televisão e afirmou que a covid-19 seria "apenas uma gripezinha" e que não precisávamos nos preocupar, adotei uma postura enfática de oposição ao seu governo. Na mesma noite do seu pronunciamento, pedi nas redes sociais que ele apresentasse a sua renúncia e trinta dias depois, em 24 de abril de 2020, passei a defender a abertura do processo de impeachment pelos crimes de responsabilidade cometidos.

Na minha avaliação, esse é o primeiro passo para a reconstrução do Brasil. Os dez anos que dediquei ao Novo tinham como objetivo melhorar a vida das pessoas e eu não poderia assistir a um comportamento do chefe na nação que ia exatamente na direção contrária e não reagir com veemência.

O Brasil que queremos

O programa de governo que apresentei, como candidato, tinha o título: "Mais Oportunidades, Menos Privilégios". As propostas se baseavam nos dez princípios que definimos como bandeiras do Novo: oportunidades; educação; respeito à vida e segurança; saúde acessível; proteção social; qualidade e representatividade política; governo responsável, simples e digital; previdência; responsabilidade com as futuras gerações e inserção do Brasil no cenário mundial.

De forma resumida, o Brasil em que eu gostaria de viver é um país simples, seguro e livre, onde todas as pessoas tenham oportunidades. Deveríamos ter um país onde o cidadão receba uma educação que lhe permita evoluir na vida profissional e nas escolhas que fará; onde haja segurança pessoal, patrimonial e jurídica; que seja simples, com menos intervenção do Estado, sem leis desnecessárias; onde haja representatividade política adequada, com liberdade para administrarmos a nossa vida e para empreendermos.

O Brasil só voltará a crescer, melhorando a qualidade de vida dos cidadãos e combatendo a pobreza, quando realizar reformas estruturais. Devemos nos inspirar em países que deram certo — nações com realidades diferentes como Coreia do Sul e Austrália, mas que têm em comum a formação de capital humano, poupança interna e instituições sólidas. Isso se traduz em educação de qualidade, equilíbrio das contas públicas e segurança jurídica em um Estado de direito.

Existe, portanto, uma série de transformações a serem implementadas na área pública, mas eu colocaria todos os esforços iniciais em quatro eixos: criação de um ambiente propício à geração de renda; aumento de eficiência da máquina pública, com redução de despesas; melhoria dos programas para aqueles que estão em situação de pobreza extrema; e uma reforma política. As mudanças são todas de natureza política e demandam, assim, representantes confiáveis e comprometidos a fazê-las.

O primeiro eixo visa promover um ambiente de oportunidades para todos e aumentar a nossa produtividade, e deve contemplar o fortalecimento da qualidade da nossa educação, uma reforma tributária e a abertura da economia.

Na educação precisamos: a) priorizar a primeira infância e o ensino básico, já que o retorno para a sociedade é maior quando os investimentos são realizados nos primeiros anos de formação; b) valorizar os professores, com uma remuneração adequada, condicionada aos resultados obtidos; c) prover condições de trabalho satisfatórias; d) alterar o currículo dos cursos de pedagogia e promover o modelo adotado pelos países que se destacam no ranking do Pisa, incorporando disciplinas que ensinam o que e como ensinar, em substituição às matérias teóricas sobre educação; d) adicionar ao currículo do ensino médio disciplinas que tratem de educação financeira e conceitos sobre empreendedorismo, a fim de preparar adequadamente o estudante para o mercado de trabalho e torná-lo apto a fazer suas escolhas de forma consciente.

Com 27% dos brasileiros entre quinze e 64 anos analfabetos funcionais e a necessidade de melhorar nossa produtividade para crescermos, a educação é um assunto prioritário para o Brasil.

A reforma tributária deve ter por objetivo simplificar o sistema atual, reduzindo a quantidade de impostos. Isso resultará em menos tempo gasto para o cálculo de tributos, menor complexidade e uma significativa redução de disputas e pendências fiscais. Além disso, regras tributárias simples e claras atraem investimentos e recursos. E, por fim, não há como aumentar a nossa produtividade sem abrirmos a nossa economia e nos integrarmos às cadeias globais. A competição externa, sem tantas barreiras, nos forçará a promover reformas internas e permitirá o acesso a novas tecnologias. O saldo será extremamente positivo para o consumidor e para a indústria. O Brasil representa hoje apenas 1% do comércio internacional, percentual incompatível com o tamanho da nossa economia. O segundo eixo diz respeito à eficiência da máquina pública e demanda prioritariamente uma reforma administrativa, a redução de benefícios fiscais e um amplo programa de privatizações de empresas estatais. A reforma administrativa deve melhorar a qualidade do serviço público e ajustar o seu custo. Algumas das práticas que gostaria de ver implementadas de imediato e válidas para todos os servidores públicos são: a) salários compatíveis com os da iniciativa privada (atualmente, em especial no nível federal, eles são substancialmente mais elevados); b) fim da estabilidade no emprego; c) um sistema de gestão de pessoas com definição de metas semestrais e avaliação de desempenho, norteando as promoções e os desligamentos; d) extinção das regras de promoção automática por tempo de serviço e de privilégios como férias adicionais e verbas complementares.

Em uma reforma administrativa devemos, adicionalmente: a) reduzir níveis hierárquicos; b) adotar uma cultura de excelência no atendimento ao cidadão; c) fazer uso intenso de tecnologia, pois um governo digital reduz custos, coíbe a corrupção, torna a resposta ao cidadão mais eficaz, barata e ágil; d) dar maior transparência às contas públicas. Aproveitando todas as ferramentas digitais hoje existentes, o governo, em todas as esferas, deveria apresentar de forma simplificada e com regularidade o destino dado aos nossos impostos e os resultados obtidos.

Devemos implementar um programa de redução de benefícios fiscais, que hoje somam 351 bilhões de reais, cortando subsídios para setores empresariais. A eliminação desses gastos permitiria a redução da dívida pública e o fortalecimento de programas assistenciais direcionados aos que mais precisam. Já a privatização de empresas estatais é fundamental para reduzir a dívida pública, melhorar a alocação dos recursos e minimizar a corrupção. O Estado não deve ser empresário, e precisa direcionar a sua limitada capacidade administrativa para as áreas essenciais ao cidadão, como saúde, educação e segurança.

O terceiro eixo é a revisão e o fortalecimento dos programas sociais. Precisamos prover, com responsabilidade fiscal, meios de subsistência para os que se encontram na pobreza extrema e construir pontes para que, no menor espaço de tempo possível, eles se tornem independentes do Estado. A reformulação dos programas assistenciais deve ter como objetivo garantir que os recursos disponibilizados cheguem aos mais necessitados e que sejam estruturados mecanismos de saída, por intermédio de programas de capacitação.

Uma reforma política, quarto e último eixo, deve contemplar o fim do voto obrigatório e de recursos públicos para partidos, com a extinção dos Fundos Partidário e Eleitoral e da propaganda eleitoral gratuita. Ao mesmo tempo a legislação para a montagem de partidos deveria ser alterada, eliminando a burocracia e as restrições hoje existentes para a constituição das agremiações — ampliar as opções dos cidadãos, dando a eles liberdade para se associar livremente em partidos políticos que defendam seus interesses, é uma forma de fortalecer a democracia. Seria implementado também o voto distrital, proporcionando custos mais baixos de campanha e maior proximidade do eleitor com seu representante, além da redução em um terço do número de cadeiras no Congresso. Todas essas mudanças dependem da participação do cidadão e devem ser realizadas com o senso de responsabilidade que nos cabe em relação às próximas gerações.

A preservação do meio ambiente, a preocupação com o equilíbrio das contas públicas e o fortalecimento das instituições que compõem a nossa democracia devem estar assegurados em todas as soluções adotadas na esfera governamental.

O verdadeiro salvador da pátria

Nas eleições de 2022, teremos mais uma vez a oportunidade e, principalmente, a responsabilidade de nos unirmos e elegermos um presidente da República que nos livre do populismo de direita e de esquerda, restaure a confiança dos brasileiros e coloque o Brasil no caminho para se tornar um país admirado.

Um País no qual toda vida importa, e muito. Um País que seja implacável no combate à corrupção e aos privilégios. Um País com instituições fortes, que tenham como principal tarefa a preservação do Estado de direito e das liberdades individuais. Um País multicultural onde as minorias sejam respeitadas, o diálogo seja incentivado e a educação impere. Um País no qual todo brasileiro tenha uma vida digna, com oportunidades, e exerça plenamente a sua cidadania. Enfim, um Brasil onde todos possam não apenas sonhar, mas conquistar uma vida melhor.

Em um sistema democrático, as transformações dependem de representatividade política. Não há como realizá-las sem a participação ativa do cidadão. Devemos abandonar a procura por um salvador da pátria, assumindo o protagonismo da mudança que queremos.

O governo e a sociedade têm responsabilidades com as futuras gerações e cabe ao cidadão demandar oportunidades e não privilégios, evitando os atalhos, cujo custo elevado será cobrado mais à frente. Temos que fazer o certo sempre, mesmo que pareça mais difícil e mais demorado, porque é o melhor caminho.

Vamos assim dar um novo significado para o "jeitinho brasileiro" — mostrar que ele representa o trabalhador que acorda cedo, que se esforça e que, por mais que o Estado atrapalhe, tem forças para produzir, para empreender e para sorrir ao final do dia. O brasileiro que não desiste.

Devemos ser ambiciosos, desejar o sucesso e trabalhar para isso. Acreditar que é possível mudar, sair da zona de conforto, assumir responsabilidades e buscar o protagonismo é a postura que precisamos adotar para mudar o Brasil. Apesar do trabalho e do desgaste, nunca me arrependi de atuar dessa forma. Afinal, as conquistas são recompensadoras e os insucessos são uma grande fonte de aprendizado.

Cada um de nós é o salvador que a pátria precisa.

AGRADECIMENTOS

Meu agradecimento a Rosa, Ana Luiza, Maria Fernanda, Mariana e a minha mãe pela confiança, suporte e companheirismo em todos os momentos.

TIPOLOGIA Miller e Akzidenz
DIAGRAMAÇÃO Osmane Garcia Filho
PAPEL Pólen Soft, Suzano S.A.
IMPRESSÃO Lis Gráfica, setembro de 2021

A marca FSC® é a garantia de que a madeira utilizada na
fabricação do papel deste livro provém de florestas que foram
gerenciadas de maneira ambientalmente correta, socialmente
justa e economicamente viável, além de outras fontes
de origem controlada.